# 全予測 2020年代の日本 図解・未来の年表

**はじめに**

## 2020年からが本番

2020年代を迎えた。

米中貿易戦争や英国のEU離脱、あるいは地球の気候変動リスクや感染症リスクに代表される世界的な不確定要素が山積し、これまでになく「未来」への関心が高まっている。

国内では「ポスト東京五輪」の影響が盛んに論じられているが、これから日本社会はどう変貌していくのだろうか？

2020年代を一言で語るならば、**「人口減少に伴う課題が、いよいよ深刻化する時代」**――私にはそう思われる。

残念ながら、**日本の少子化は止まらない**。私の著書を読んでくださっている皆さんはおわかりだろうが、過去の少子化が影響して出産可能な若き女性の人口が激減してゆくからだ。2019年、年間出生数は90万人を割り込み、減少スピードは加速している。

一方で、**高齢化も進んでいく**。街にはお年寄りの

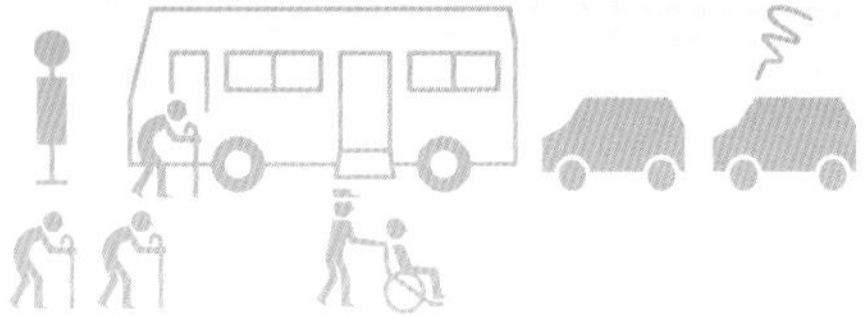

姿が目立つようになったが、高齢者の数はまだまだ増え続ける。しかも、その多くは80代以上のひとり暮らしだ。こうしたお年寄りの生活サポートに、各自治体は頭を痛めざるを得なくなるだろう。

そして、２０２０年代の日本最大の悩みは、**勤労世代（20〜64歳）の減少**だ。あらゆる職種で人手不足が続く。〝買い物難民〟〝引っ越し難民〟といった言葉が珍しくなくなったが、これまで「当たり前」と思い込んできたサービスが享受できないことを思い知らされるに違いない。

こうした〝不都合な真実〟から目をそらし、対応を怠るならば、遠からず日本社会は大混乱に陥る。それは、私たちが豊かな暮らしを手放すことも意味する。

## 現実が追いついてきた

かくなるうえは、人口減少に耐えうる社会へと日本を作り替えるしかない。過去の常識や成功体験を脇に置いて、新しいやり方を模索しなければならないのである。

そのためには、これから何が起こるのかを知る必要がある。人口減少社会の予想図を克明に描いた『未来の年表』を警世《けいせい》の書として私が送り出したのは２０１７年のことであった。

あれから時間が経過し、シリーズをお読みいただいた方々から、**「現実が後から追いかけてきた」**という声をたくさんいただくようになった。各地で百貨店は店じまいをし、コンビニエンスストアは24時間営業を見直し始めた。地方銀行は経営統合に生き残りをかけようとし、大都市にも空き家が目立ち始めている。

ありがたいことに『未来の年表』は、続編の『未来の年表2』および『未来の地図帳』と合わせて88万部を超すベストセラーとなった。いまだ増刷が続いている。これだけ多くの読者に恵まれたのは、この問題を真剣に考えようとしている人々が多くなった証でもある。

## 納得から体感へ

私は、2020年以降にこそ、『未来の年表』シリーズが役立つと考える。それは必ずや2020年代を歩む際のガイドブックになる。ただ、〝旅のガイドブック〟とする以上、読みやすいボリュームであることが求められよう。そこで、新書の内容をさらにシンプルに再編したのが本書である。

本書に込めた思いは3つある。キーワードは**「さらに知る」「もっと深める」「まだ間に合う」**だ。

『未来の年表』シリーズは人口減少日本で起きることのほんの一端を紹介したにすぎない。残念ながら紙幅の都合で割愛した項目も多かった。また、その後アップデートされたデータもある。そこで本書は**「さらに知る」**ことができるよう、極力最新のデータを反映しつつ、「新・人口減少カレンダー」のような新しい内容も盛り込んだ。必ずや新たな発見があるだろう。

2つ目の**「もっと深める」**とは、知識の整理であり、行動するにあたって重要な作業となる。『未来の年表』シリーズを読んでくださった読者は、1冊1冊の内容を深くご理解いただけたと思うが、知識はしっかり咀嚼《そしゃく》しないと、時に思考停止に陥るものだ。

最後の**「まだ間に合う」**とは、文字通りである。『未来の年表』の存在は気になっていても、仕事や勉強に追われてついつい読みそびれたという人も少なくないだろう。1冊目、2冊目しか読んでいない人も多いに違いない。だが、本書を読めば、人口減少問題を短時間で理解できる。ここで時間を一挙に取り戻し、今から対策を考えれば「まだ間に合う」のだ。

そして本書の何よりの特長は、活字で描かれたシリーズの内容を視覚的に俯瞰し、体感できることである。**納得から体感へと変わる**――これがこのたびの大きな狙いである。

本書が、「激動の2020年代」を生き抜くための良きガイドブックとならんことを願う。

# 未来のパノラマ
## 10年後の街の風景

少子高齢化が進む日本でこれから起こることを眺めてみましょう。2020年からの日本では、こんな事態が増えていきます。　画・木下真一郎

高校野球には数校の連合チームで出場
鉄道の運行本数が減ってイライラ
竹本駅
みらい銀行
ATM
操作に手間取る高齢者でATMに大行列
高齢のアイドルグループに熱狂的支持
ミライデパート
かつて若者で賑わった街はシャッター通りに
アンチエイジング商品のCMが大量に流れる
竹本通り
shin

後継ぎ不足で
廃寺が迫り住
職は天を仰ぐ
山林の手入れ不足
が、大洪水を招く
ニュータウンはオールドタ
ウンからゴーストタウンに
老朽化した橋が修繕さ
れず事故につながる
スーパーミライ
コンビニエンスストア
夜間休業
現新病院
24時間営業を
やめたコンビニ
クスリ
診察の順番争いで杖
を振りかざし大喧嘩
運び手不足で自販機に
飲料が補充されない
バスの乗車に高齢者
が手間取り大渋滞
公園は老人で溢れ、
子供の遊び場がない

今度は家と職場を拡大して眺めてみましょう。
あなたの身の回りで困った出来事が起きます。
画・木下真一郎
コンビニエンスストア
空き物件に巣食ったスズメバチに襲われる
貸店舗
現新不動産
令和
若手はヒラ社員に留め置かれ、高齢上司は仕事をしない
現新運送
転職
仕事への意欲が上がらない若手は転職を考える
What?
高齢者にとっては、自宅が凶器と化す
高齢社員は外国人従業員にてこずる
運転手不足で製品を運ぶトラックが来ない
黒字経営でも社長は後継者不足に悩む

家と職場の拡大図
未来のパノラマ
引きこもりの人は40代でも親の収入で暮らす
タワーマンションの一室を、投資目的の外国人にもどんどん提供
売家
長い間買い手のつかない空き家は増える一方
「老老介護」に苦しむ
ひとり暮らしの高齢者は停電の時などに階段の昇降で一苦労
居住者と思いきや、マナーの悪い民泊客も

# 庄子《しょうし》家の
# 未来のすごろく

『未来の年表』の「人口減少カレンダー」をすごろくにしました。実際に遊んで将来の生き方を考えましょう！

**庄子あきら（17歳）** 大作・初恵の息子。高校生（両親と同居）

**庄子大作（50歳）** 中堅企業の管理職。マンション住まい

**庄子初恵（48歳）** 大作の妻。スーパーのパートタイマー

**庄子かなえ（22歳）** 大作・初恵の娘。会社員（ひとり暮らし）

**遊び方**
- サイコロを振って出た目の数だけ進む（西暦の入ったマスも１マスとする）
- マス目に「＋」「－」の数字があったら、そのぶんさらに前後に進む

## スタート

## 2020年 女性の２人に１人が50代に

- 大作：部長に昇格 ＋2
- 初恵：同年代の友人が親との同居を決意
- かなえ：自治体が主催する婚活イベントに参加
- あきら：担任教師が介護離職

## 2021年 大介護時代がはじまる

- あきら：第一志望の大学に合格 ＋1
- かなえ：「手に職」をつけるための勉強を始める
- 初恵：同じ話を繰り返す義理の母・トメを心配する －1
- 大作：若手の部下が両親の介護のために離職

## 2022年 独居世帯が「3分の1」超に

- 大作：自宅で転倒したトメとの同居を初恵に相談
- 初恵：信号無視の乗用車事故を目撃
- かなえ：婚活で知り合った男性からプロポーズ ＋3
- あきら：『未来の年表』を読む ＋5

## 2023年 人件費が会社を圧迫する

- 大作：黒字リストラのしわ寄せでボーナスが10％カットされる
- 初恵：家計を支えるために、パートの日数を増やす
- かなえ：夫の転勤で東京から大阪へ。再就職先がすぐに決まる ＋2
- あきら：成人式で同級生の起業の話を聞く

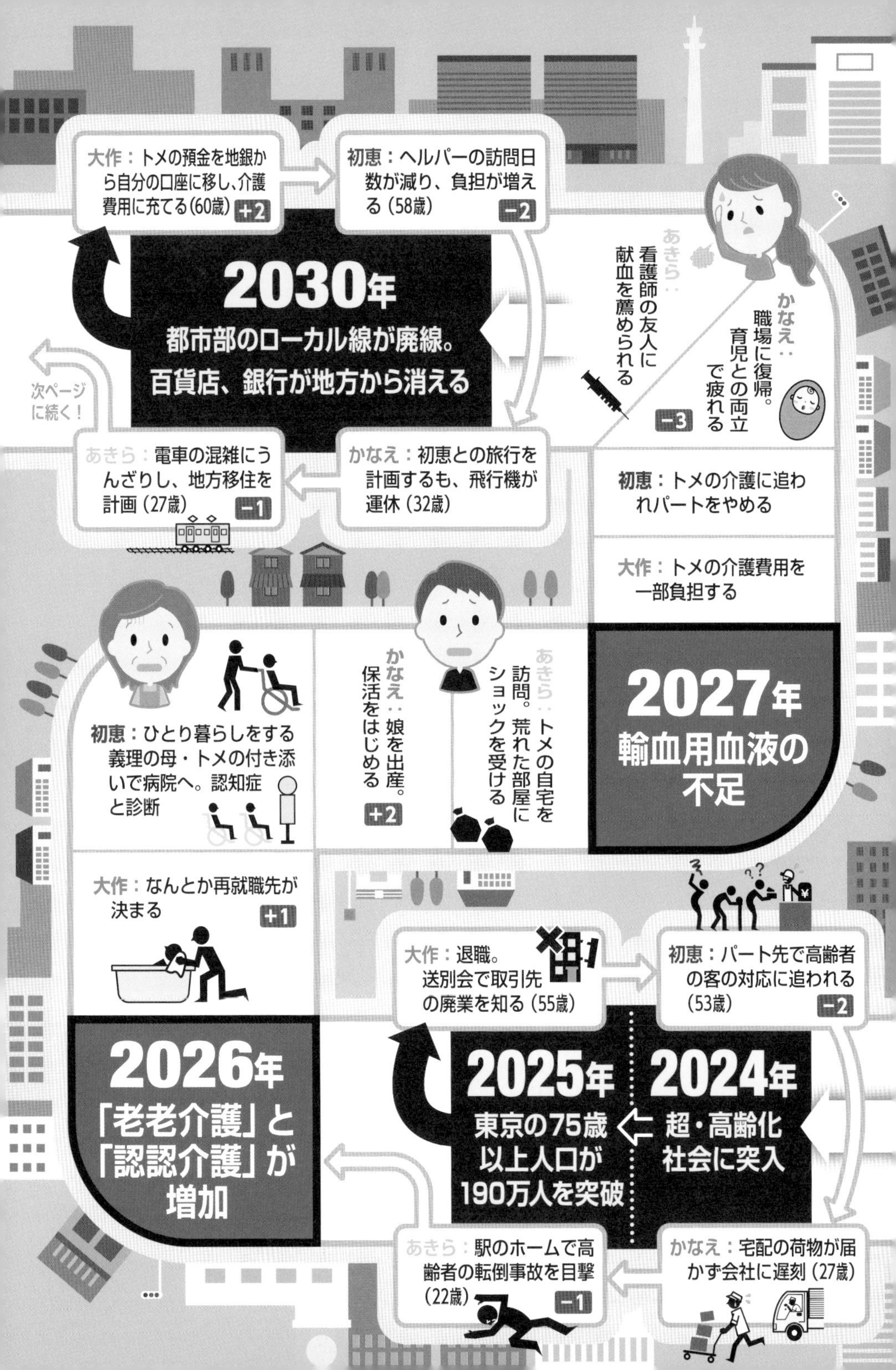

2024年
超・高齢化社会に突入
かなえ：宅配の荷物が届かず会社に遅刻（27歳）
初恵：パート先で高齢者の客の対応に追われる（53歳） −2
2025年
東京の75歳以上人口が190万人を突破
あきら：駅のホームで高齢者の転倒事故を目撃（22歳） −1
大作：退職。送別会で取引先の廃業を知る（55歳）
2026年
「老老介護」と「認認介護」が増加
大作：なんとか再就職先が決まる +1
初恵：ひとり暮らしをする義理の母・トメの付き添いで病院へ。認知症と診断
かなえ：娘を出産。保活をはじめる +2
あきら：トメの自宅を訪問。荒れた部屋にショックを受ける
2027年
輸血用血液の不足
大作：トメの介護費用を一部負担する
初恵：トメの介護に追われパートをやめる
かなえ：職場に復帰。育児との両立で疲れる −3
あきら：看護師の友人に献血を薦められる
2030年
都市部のローカル線が廃線。百貨店、銀行が地方から消える
大作：トメの預金を地銀から自分の口座に移し、介護費用に充てる（60歳） +2
初恵：ヘルパーの訪問日数が減り、負担が増える（58歳） −2
かなえ：初恵との旅行を計画するも、飛行機が運休（32歳）
あきら：電車の混雑にうんざりし、地方移住を計画（27歳） −1

次ページに続く！

2033年
全国の
4戸に1戸超が
空き家に
大作：トメ逝去。空き家となったトメの住居に近所から苦情
初恵：かなえの家を訪問。久々にゆっくりする +1
かなえ：娘が小学校に入学
あきら：起業。日本の名産品を海外で販売する仕事をはじめる +2
2035年
未婚大国
の誕生
大作：元同僚から子供の縁談の相談を受ける
初恵：あきらの結婚の心配をする
かなえ：娘を海外のサマーキャンプに参加させる +2
あきら：仕事が軌道に乗り従業員二人を雇う +3
2036年
大都市が
「ゴーストタウン
化」する
大作：自宅を売却し、高齢者住宅に初恵と移る +1
初恵：空き家に出入りする外国人を目撃する
かなえ：空き店舗でスズメバチの巣を見つける
2039年
大死亡時代
の到来
あきら：拠点を海外に移す準備をはじめる +1
大作：退職。エンディングノートを書きはじめる +1
初恵：知人が逝去。火葬場の順番待ちで葬儀が遅れる
2040年
地方が
「消滅」する
かなえ：給与据え置きのまま昇進。転職を考える −3
あきら：結婚。日本と海外の2拠点居住をはじめる +3
大作：ボランティア活動で氷河期世代の貧困を知る
初恵：地方で暮らす妹夫婦が東京に戻ってくる
かなえ：食品価格高騰のため、おかずを減らす
あきら：解散を決める地方の自治体が出てきたことに衝撃を受ける −3

止まれ

# ストップ！

## 2042年
## 貧しい独居老人が大量に誕生

かなえ 退職。女性のコミュニティサロンを開店（44歳）

大作 元同僚が孤独死したと知りショックを受ける（72歳）

初恵 高齢者女性の万引きの現場を目撃する（70歳）

あきら 新事業が成功し海外の永住権を取得する（42歳）

**日本最大の危機**

2042年のマスを踏んだら、必ず一旦ストップ。もう一度サイコロを振り、あきらのマスに止まったら2046年のマスへ進む。それ以外に止まったら2045年のマスへ進む

## 2045年
## 東京都の3人に1人が高齢者

大作：がん発病。入院費が高くキツイ出費に

初恵：日用品や食品が品薄で手に入らない

かなえ：田舎に住む夫の両親を呼び寄せ同居を始める

## 2050年
## 世界の人口が100億人へ

大作：逝去

初恵：自宅の段差で転ぶが、救急車がなかなか来ない −3

かなえ：ひと月の半分を初恵と暮らす

## 2046年

あきら：妻とのすれ違い生活で離婚の危機に

## 2051年

あきら：妻との間の亀裂を修復する。息子が生まれる

# ゴール 2053年
## 日本の総人口が9924万人に減少！

このまま何もしなければ日本に待ち受ける未来を深刻に受け止め、今から何ができるかを考えてみましょう

# 人口で見る日本地図（1960→2045）

## 総人口に対して、各都道府県の人口がどのように分布しているかを四角の大きさで示しました。

## 1960年

高度経済成長期の1960年には、各地域に人口はまだ分散していたが、**2045年になると、東京圏へ顕著に一極集中**する。東北や中国・四国地方では人口が急減し、**東京との人口格差が30倍超の県も出てくる。**

**人口トップ5**

| | | |
|---|---|---|
| 1位 | 東京都 | 968.4万人 |
| 2位 | 大阪府 | 550.5万人 |
| 3位 | 北海道 | 503.9万人 |
| 4位 | 愛知県 | 420.6万人 |
| 5位 | 福岡県 | 400.7万人 |

**人口ワースト5**

| | | |
|---|---|---|
| 1位 | 鳥取県 | 59.9万人 |
| 2位 | 福井県 | 75.3万人 |
| 3位 | 奈良県 | 78.1万人 |
| 4位 | 山梨県 | 78.2万人 |
| 5位 | 滋賀県 | 84.3万人 |

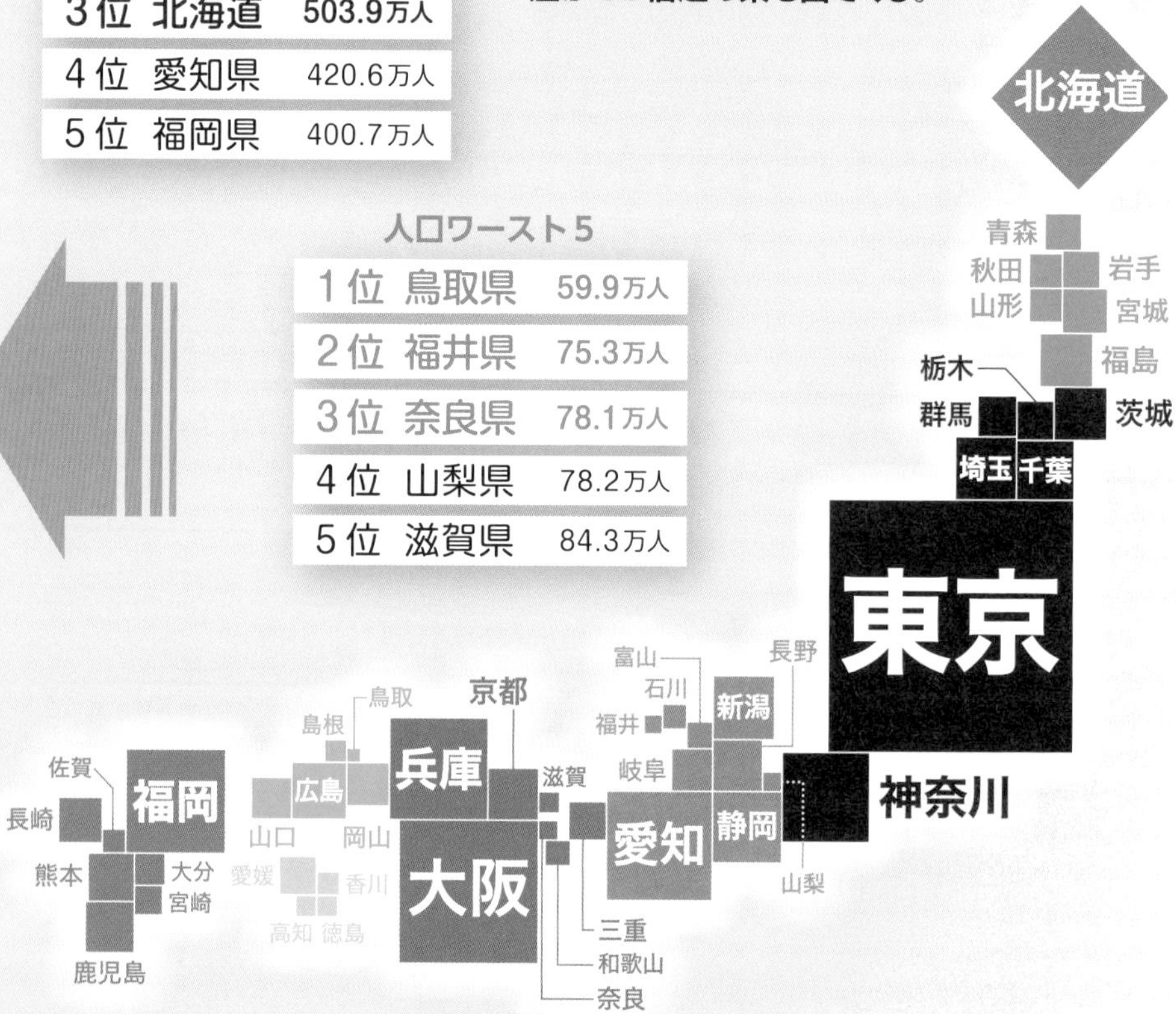
北海道
青森
秋田
岩手
山形
宮城
福島
栃木
群馬
茨城
埼玉
千葉
東京
神奈川
長野
山梨
新潟
富山
石川
福井
岐阜
愛知
静岡
滋賀
三重
和歌山
奈良
京都
兵庫
大阪
鳥取
島根
広島
岡山
山口
愛媛
香川
高知
徳島
佐賀
福岡
長崎
熊本
大分
宮崎
鹿児島

**総人口** 9341万8501人

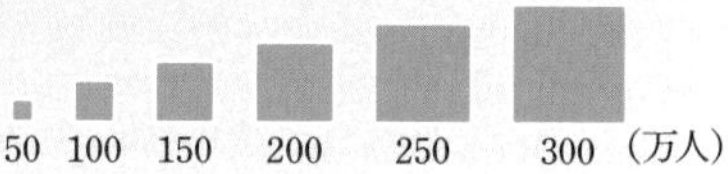
50
100
150
200
250
300
（万人）

※沖縄県はまだ返還前のため、含まれていない。

総務省統計局の資料より

## 総人口は今後ますます減りつつも、
## 東京圏に一極集中していく！

# 2045年

### 人口トップ5

| | | |
|---|---|---|
| 1位 | 東京都 | 1360.7万人 |
| 2位 | 神奈川県 | 831.3万人 |
| 3位 | 大阪府 | 733.5万人 |
| 4位 | 愛知県 | 689.9万人 |
| 5位 | 埼玉県 | 652.5万人 |

### 人口ワースト5

| | | |
|---|---|---|
| 1位 | 鳥取県 | 44.9万人 |
| 2位 | 高知県 | 49.8万人 |
| 3位 | 島根県 | 52.9万人 |
| 4位 | 徳島県 | 53.5万人 |
| 5位 | 山梨県 | 59.9万人 |

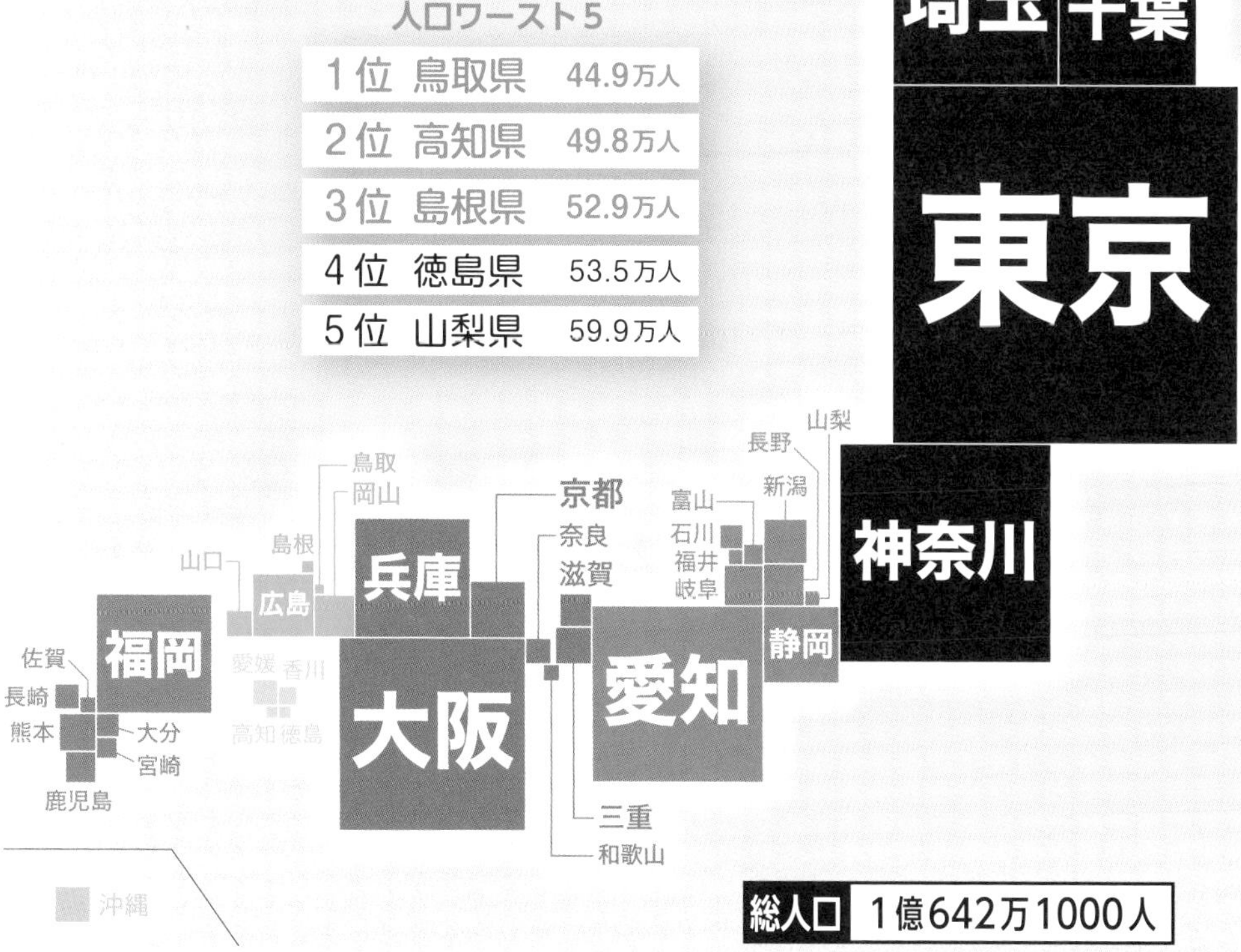

**総人口** 1億642万1000人

国立社会保障・人口問題研究所
「日本の地域別将来推計人口」(2018年) より

THE TEKICHU SHIMBUN

# 的中新聞

公共交通機関

人口減少の影響で起こった最近の出来事を集めました

# 『未来の年表』の予言が続々と当たり始めている！

## 全国の路線バス、10年で1.3万キロ減　都心部も

2019年6月10日　産経新聞

## 3年で300人定年退職へ 路線バスの運転手不足深刻

～沖縄　地域の公共交通に影響～

2019年10月10日　琉球新報

## 経営難のJR北、赤字5路線5区間廃止へ

―国・道は容認―

2018年7月22日　朝日新聞

## 運転士が足りない

JR四国、普通列車22本を取りやめ

2020年1月28日　朝日新聞

## 賀町路線バス全線廃止の可能性

潟交通観光　人材難で維持困難に

2019年7月27日　新潟日報モア

THE TEKICHU SHIMBUN

# 的中新聞

住まい

## 家主は146歳？ 空き家処理阻む相続の壁

2019年8月29日　産経新聞

## 空き家、東京23区も10.4% 大都市でも深刻

2019年9月30日　日本経済新聞

## 相続放棄・高齢化…マンション空き家、悩む管理組合

2019年7月15日　日本経済新聞

## アライグマ都心すみかに 荒い気性、空き家で繁殖

2018年10月29日　日本経済新聞

県庁所在地で初、百貨店が消える
山形の老舗大沼が破産
2020年1月27日　朝日新聞

山形　十字屋山形店閉店
大型郊外店に顧客奪われ
2019年5月1日　産経新聞

THE TEKICHU SHIMBUN
新聞的中
企業
宇都宮パルコ撤退へ
5月末閉店で調整
空きテナント、売り上げ減
2019年2月2日　下野新聞

企業
セブン時短、24時間
もう限界　人手不足が直撃
ファミマは半数の店が検討
2019年10月21日　毎日新聞

SHIMBUN
企業
九州・沖縄地銀の
6割、最終減益
信用コスト3倍に
2019年5月14日　日本経済新聞

BANK

「未来の地図帳」
絶賛発売中！

THE TEKICHU SHIMBUN
新聞的中
企業
みずほFG、企業年金減額へ
予定利率下げ検討
2019年11月18日　日本経済新聞

# 未来のSDGs※～持続可能な日本の発展のためにできること

年表シリーズ３冊に描かれた提言を集めました。2020年代に優先して取り組むべきだと考える項目をチェック☑してみましょう！

## 家族にできること

- □２地域居住を視野に第二のふるさとを探す
- □自宅事故防止に努める
- □老後の労働に備えて、人脈づくりやスキルアップを計画的に進める

## 家族と企業

- □テレワークで通勤時間を減らす
- □子育て世代が職場の近くに住居を構える費用を負担する

## 行政と家族

- □住める商店街をつくる
- □在宅医療・介護を転換する

## あなたがすべきこと

- □引退年齢から逆算してライフプランを立てる
- □ダブルワークを見据えてスキルアップを図る
- □働けるうちは働く
- □女性は年金受給の年齢を繰り下げて受給額を増やす

## 企業にできること

- □大量生産・販売はやめて「質」を追求する
- □高齢者が働きやすい環境や仕事を整える
- □従業員が副業しやすい環境を整える
- □オフィスをフリーアドレス制に変える

## 企業と行政

- □日本の匠の技を知的財産保護する
- □人口減少に応じた人材教育を図る

## 行政にできること

- □都市と地方が手を組む「広域合併」を検討する
- □「セカンド市民制度」を設ける
- □生涯に受けた社会サービスのうち、税金で賄われた分を国に返還する

※国連が定めた2030年までに達成すべき17の目標

人口減少日本でこれから起きること

# 第1部「未来の年表」2020

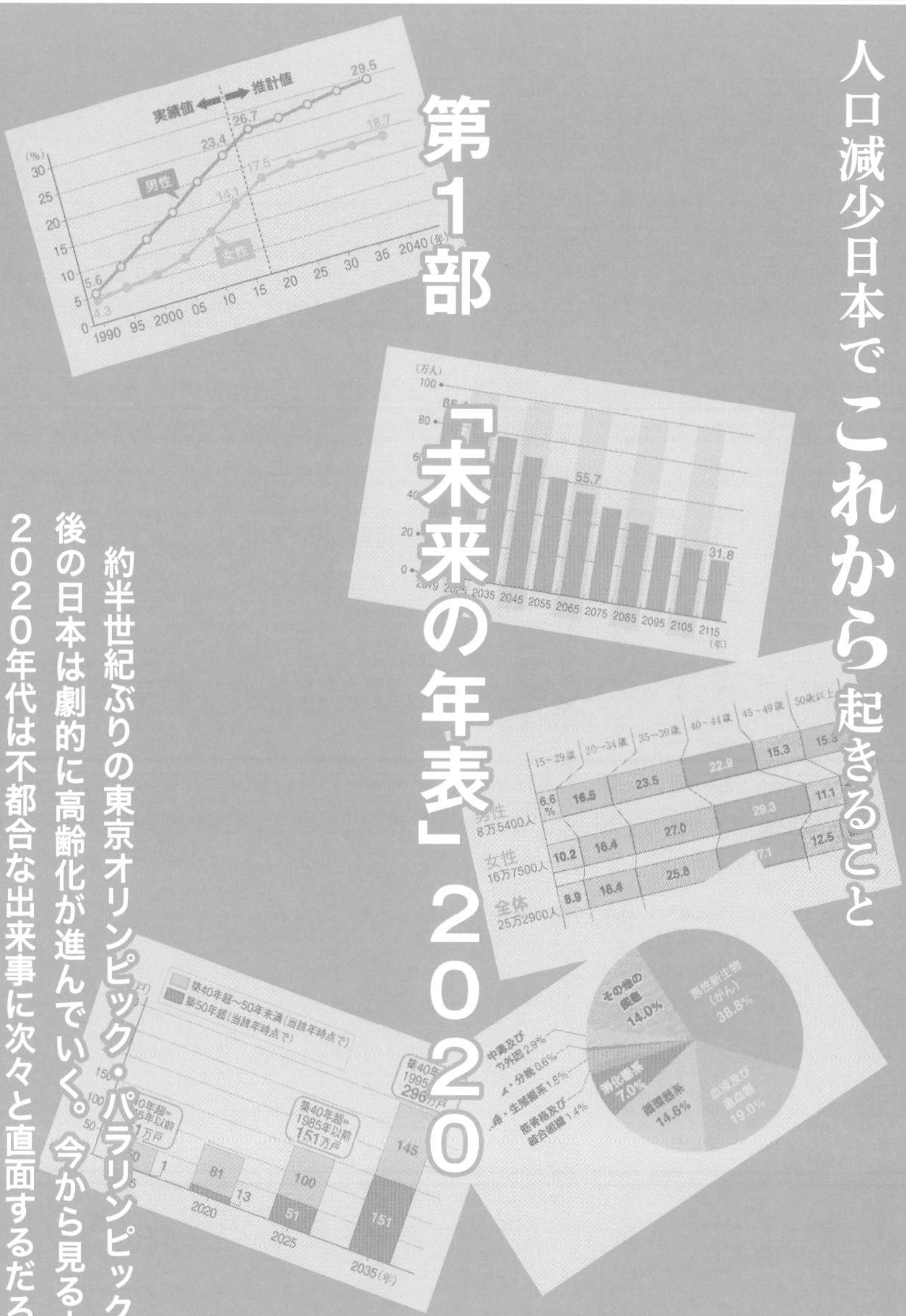


約半世紀ぶりの東京オリンピック・パラリンピック。祭典後の日本は劇的に高齢化が進んでいく。今から見るように、2020年代は不都合な出来事に次々と直面するだろう。

# 序　新・人口減少カレンダーに寄せて

シリーズ最初の『未来の年表』（2017年6月刊）で、私は、「人口減少カレンダー」を編纂して日本の行く末を展望した。たとえば、2020年は**「日本人女性の半数が50歳以上になる」**、2021年は**「介護離職が大量発生する」**と予言した。

2020年代に突入した今、改めて未来を眺めてみると、より明瞭に人口減少の深刻さが見えてくる。そこでこのたび、「人口減少カレンダー」に入れられなかった項目を、**「新・人口減少カレンダー」**としてまとめたので、ぜひご一読いただきたい（23、47ページ）。

2028年になると、荷物が届かなくなるエリアが増えてくる。公益社団法人鉄道貨物協会の「2018年度本部委員会報告書」によれば、**トラックドライバーが27・8万人も不足する。**若者たちにすっかり定着したデリバリーサービスも、エリアによってはサービス中止に追い込まれかねない。

政府は解決策として自動運転のトラックに期待をかけているが、そんなに簡単な話ではない。無人となった宅配のトラックが荷台から届け物をどう選り分けるというのか。

公共交通機関のドライバーも足りなくなる。ＪＲ四国では運転士の大量退職期を迎え、普通列車を大幅に減らすダイヤ改正に追い込まれた。すでに地方の駅ではタクシーの台数が少なくなっているが、今後10年もしないうちに「地域の足」が寸断されるところがどんどん増える。**2030年には、航空機のパイロット不足**も懸念され、地方から都会に出る機会すら奪われかねないのだ。

これらからもわかるように、大問題となるのは勤労世代である20～64歳の減少である。2036年に6000万人を、2048年には5000万人を、そして2070年には4000万人をそれぞれ割り込む。極めて短期間での激減だけに、さまざまなトラブルを引き起こすだろう。

## 1 新・人口減少カレンダー①

**2023年**
75歳以上人口が2000万人を超える
歳

**2025年**
看護人材の不足が37・7%に達し、ベッドはあっても入院できない病院も
歳

**2028年**
トラックドライバーが27・8万人不足し、頼んだ荷物が届かない
歳

**2030年**
**パイロットの大量退職で欠航が相次ぎ、航空ダイヤが混乱する**
フリーランサー人口が780万人に及び、終身雇用が終わる
歳

**2035年**
築40年超の分譲マンションが296万戸になり、2015年の6倍となる
介護離職ゼロの実現には、介護職員が79万人不足する
歳

**2036年**
働き手世代である20〜64歳人口が6000万人を割る
歳

**2039年**
**国民の5人に1人が75歳以上となる**
歳

**2040年**
単身世帯が39・3%と約4割を占め、本格的なおひとりさま社会に
全国で自治体職員が確保できなくなり、行政サービスが受けられない
70歳以上の住民が2015年の1・3倍となり、地方自治体が税収不足に
社会保障給付費が最大190兆円となる
歳

あなたの年齢を書き入れてみよう！

**2045年**
**総人口の55・2%が三大都市圏にのみ居住（東京圏は31・9%）する**
山間農地の人口が54・2%減、高齢化率53・7%に及び、地方に荒野が広がる
歳

← 47ページへ続く！

2020年

# 日本人女性の2人に1人が50歳以上になる

**少子化はさらなる少子化を招いて、出生数大幅回復の望みはどんどん薄くなる**

1年間に日本全国で生まれた赤ちゃんの数は、2019年に約86万4000人と、とうとう90万人を割り込むこととなった。国立社会保障・人口問題研究所（以下、社人研）の見込みより2年も早い80万人台突入で、1949年の約270万人（第1次ベビーブーム）の3分の1以下である。

出生数の減少を食い止めるには、合計特殊出生率（女性が生涯に出産する子供の推計値）の上昇が必要であるが、歴代政権が少子化対策に必死に取り組んできた結果、近年は1・4台にまで改善した。ところが、出生数は依然としてどんどん減り続けている。一体なぜだろうか？

それは、**過去の少子化の影響で〝未来の母親〟となる女児の数が減ってしまっているからだ。**

ちなみに、合計特殊出生率を計算する際には15～49歳までを「出産可能な年齢」と定めている。いよいよ**2020年には50歳以上の女性の人口が、0～49歳を上回る。**

今後、子供を産める年齢の女性数は大きく減っていく。これでは、合計特殊出生率が多少改善したところで、出生数は激減していくこととなる。日本社会は、少子化がさらなる少子化を引き起こす悪循環に陥ってしまっているのだ。いかに出生数の大幅回復が望み薄かがわかるだろう。

こうした状況で私たちにできることは、結婚や出産を希望しながらかなわないでいる人たちをサポートし、少子化のスピードを緩めることだ。その間に少子化に対応し得る社会に作り替えるしかない。

## 2020年から出生率が回復しても出生数が改善しないのは、女性の数が減っているからなのね

### 最新データに基づく日本の将来推計人口

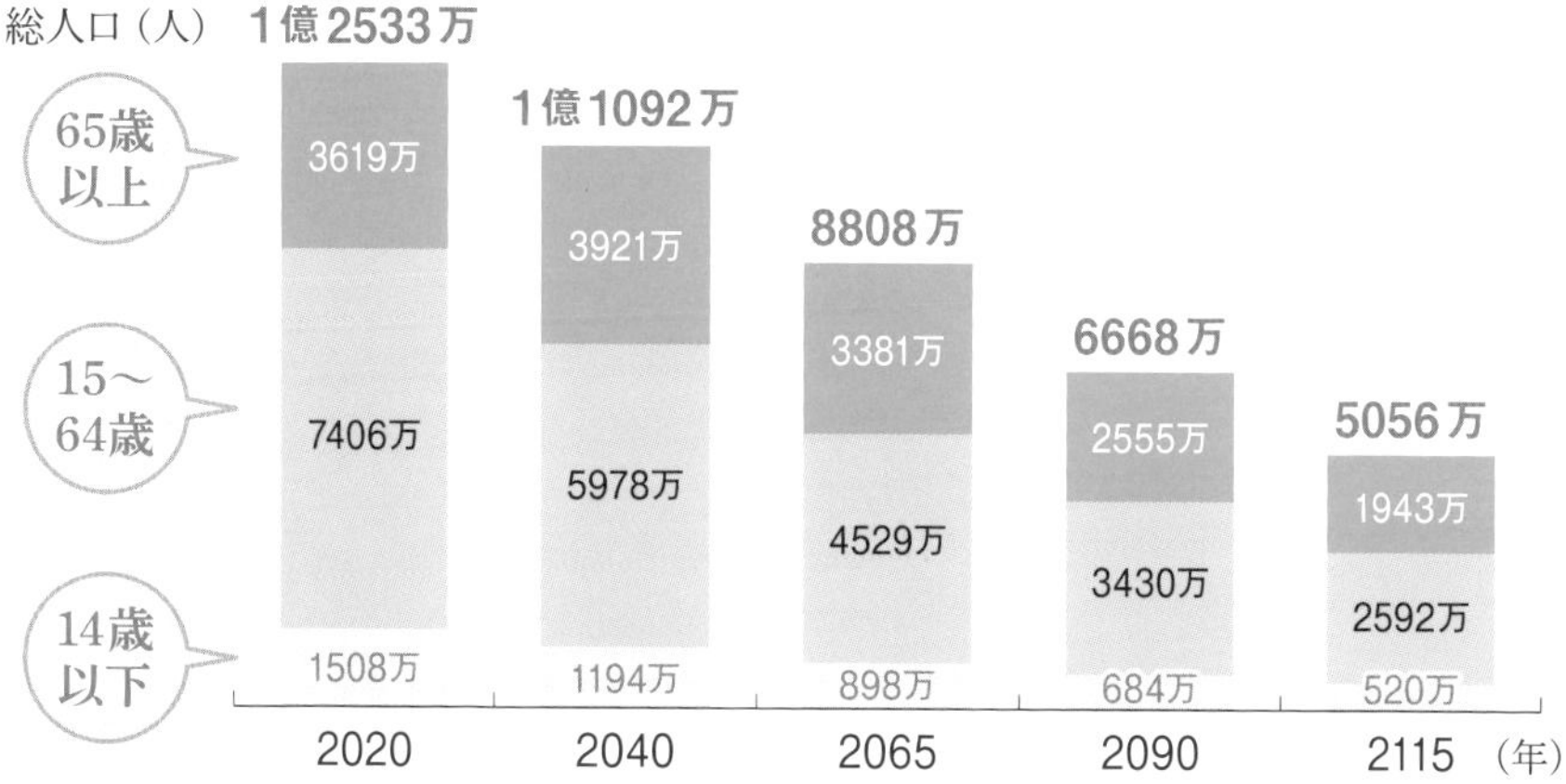

総人口（人）
65歳以上
15〜64歳
14歳以下
1億2533万
3619万
7406万
1508万
1億1092万
3921万
5978万
1194万
8808万
3381万
4529万
898万
6668万
2555万
3430万
684万
5056万
1943万
2592万
520万
2020
2040
2065
2090
2115
（年）


※端数の関係で合計値と一致しないことがある
国立社会保障・人口問題研究所「日本の将来推計人口」（2017年）より

### 年間出生数は、現状では決して増えない

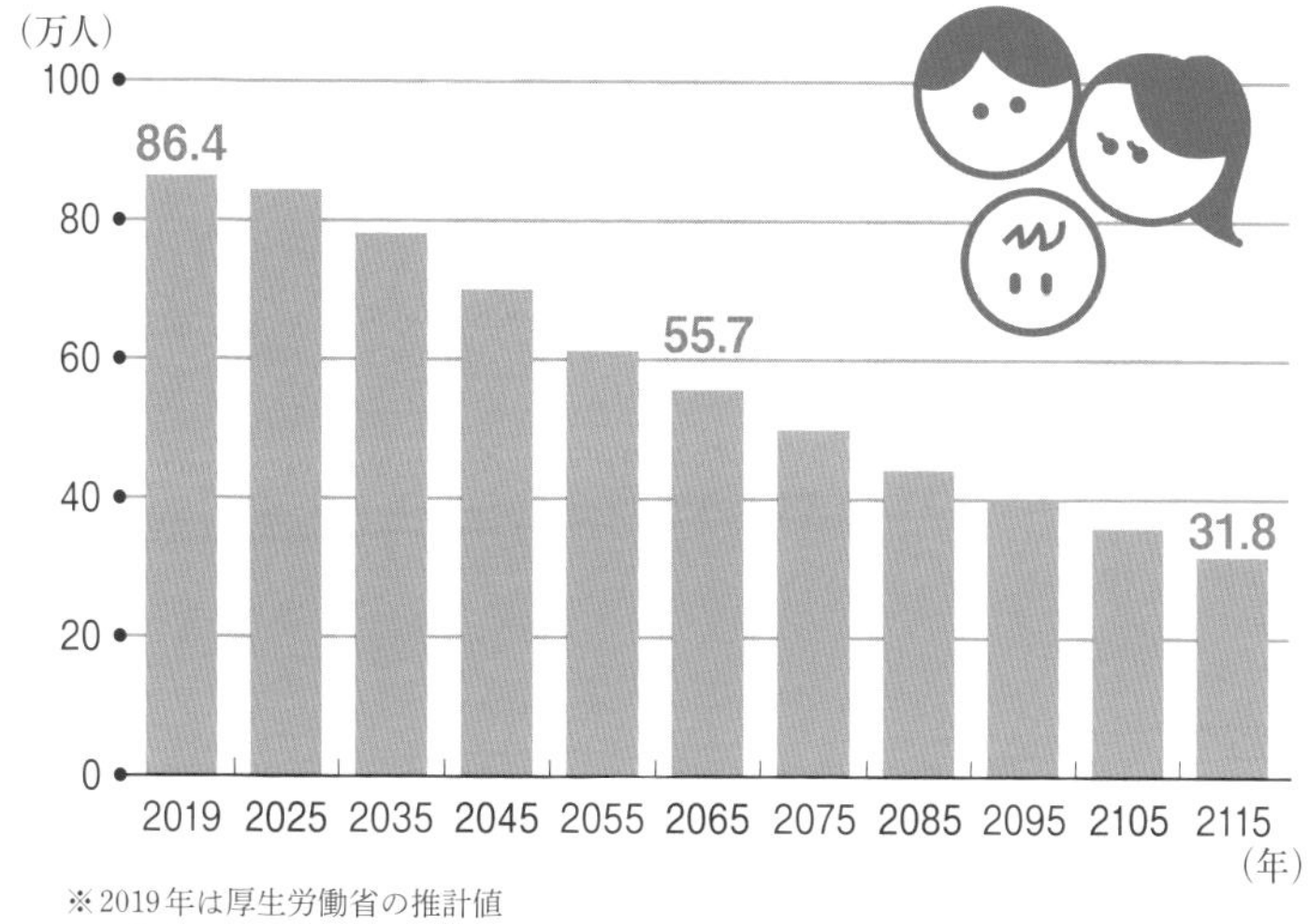

（万人）
100
80
60
40
20
0
86.4
55.7
31.8
2019
2025
2035
2045
2055
2065
2075
2085
2095
2105
2115
（年）


※2019年は厚生労働省の推計値
国立社会保障・人口問題研究所「日本の将来推計人口」（2017年）より

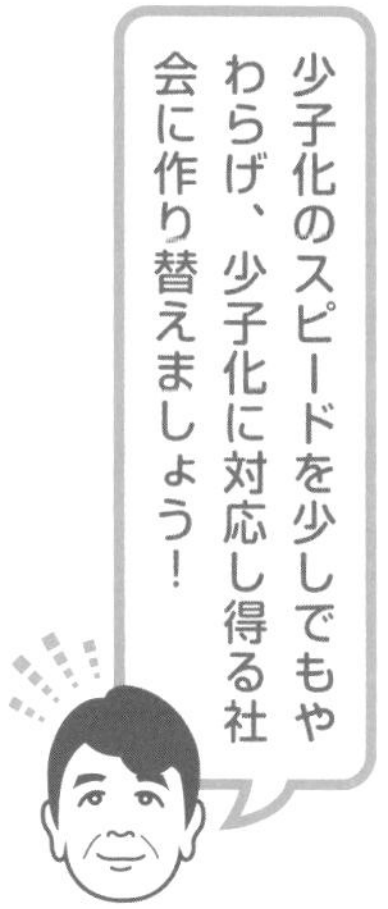

少子化のスピードを少しでもやわらげ、少子化に対応し得る社会に作り替えましょう！

## 2021年

# 「介護難民」と「介護離職」が大量発生する

### 団塊ジュニア世代が50代に突入。管理職を任せたい頃には離職されてしまう

50代に突入する頃から、誰もが直面せざるを得ないのが親の介護である。介護が家庭ばかりか、社会を揺るがす大問題になるのが、団塊ジュニア世代が50代を迎え始める2021年だ。

まずは、**「介護難民」の大量発生**が懸念される。2025年度には21兆円に達する介護費用を抑えようと、政府は介護保険制度の大幅な縮小を図ってきた。

介護施設の整備も遅れており、2025年には特別養護老人ホームなどへの入所待機者が約43万人にも及ぶという試算もある。介護スタッフの離職率も高く、ベッドが慢性的に不足している日本は、施設に入りたくても入れない高齢者で溢れ返ってゆくこととなる。

こうした状況に追い打ちをかけるのが、**「介護離職」**の問題である。ただでさえ要介護者が急増しているにもかかわらず、政府は介護政策の方針を「施設」から「在宅」へと変えてしまった。

在宅介護へのシフトが浸透したことで、「家族による支え」の必要性は年々高まっている。しかし、働きながら介護するための環境が、十分に整っているとは言い難い。実際、働きながら介護する約300万人のうち、年間10万人が介護のために辞職や転職を余儀なくされている。

しかも、**介護離職した40〜50代男性の半数が、管理職を任される年齢である41〜50歳の時に辞めていた**のである。会社を支えるはずの重要な人材が次々といなくなってしまったのでは、企業にとっても存続に直結する危機となるに違いない。

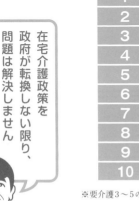

## 2020年代は介護から解放されても、50代で復職したり、新たな仕事に就くことは簡単ではない

### 働きながら介護をしている人は50代が最も多い

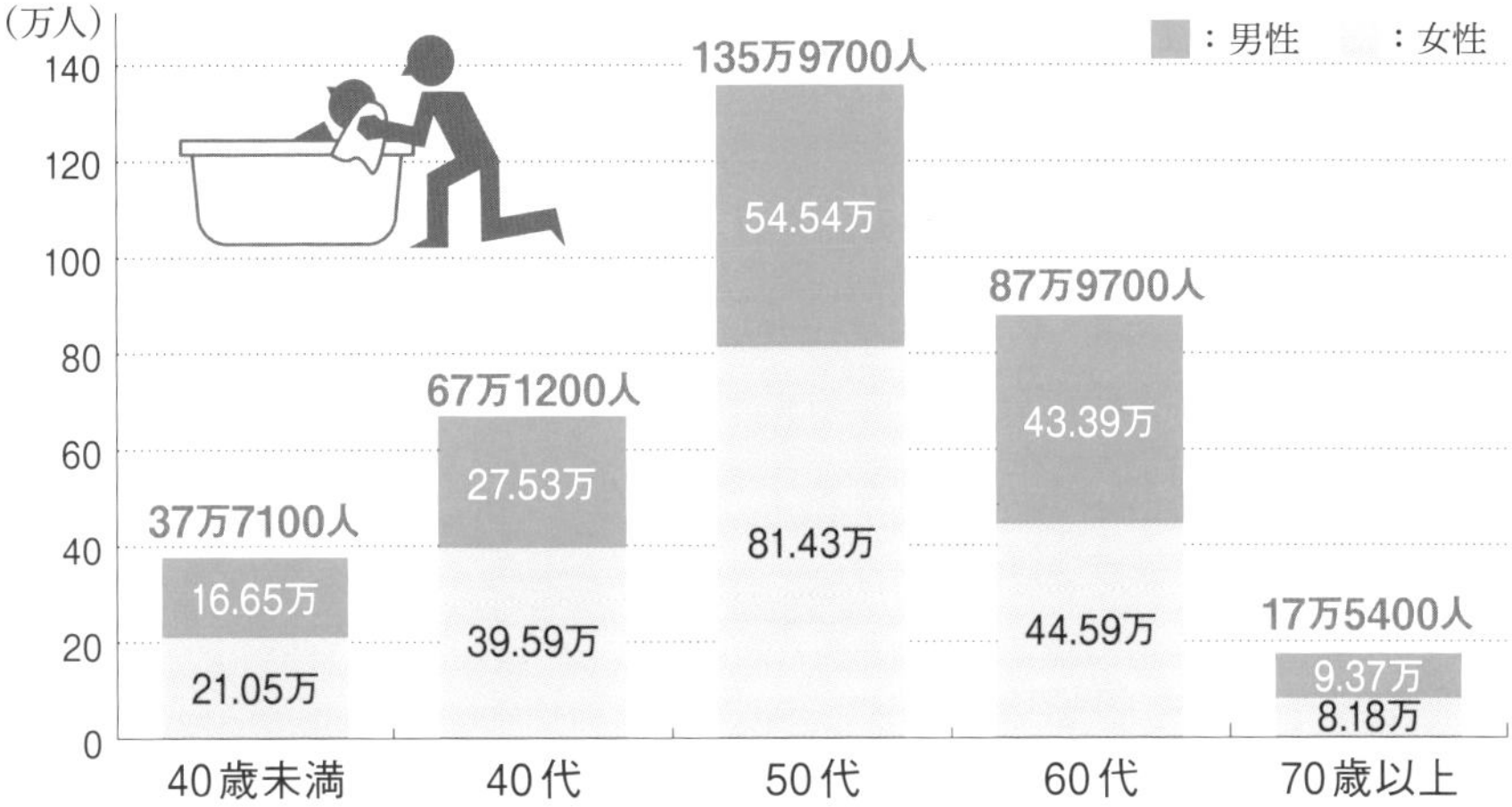

(万人)
140
120
100
80
60
40
20
0
：男性
：女性
37万7100人
16.65万
21.05万
67万1200人
27.53万
39.59万
135万9700人
54.54万
81.43万
87万9700人
43.39万
44.59万
17万5400人
9.37万
8.18万
40歳未満
40代
50代
60代
70歳以上


総務省「就業構造基本調査」(2017年)より

### 特別養護老人ホームの入所待機者数の上位10都道府県

| | 都道府県 | 人数 |
|---|---|---|
| 1 | 東京都 | 2万5811人 |
| 2 | 神奈川県 | 1万5723人 |
| 3 | 兵庫県 | 1万3895人 |
| 4 | 大阪府 | 1万3736人 |
| 5 | 北海道 | 1万1663人 |
| 6 | 千葉県 | 1万1309人 |
| 7 | 新潟県 | 1万 834人 |
| 8 | 広島県 | 9388人 |
| 9 | 京都府 | 9108人 |
| 10 | 福岡県 | 8320人 |

※要介護3〜5の人数。全国計では29.2万人
厚生労働省「特別養護老人ホームの入所申込者の状況」(2019年調査)より

在宅介護政策を政府が転換しない限り、問題は解決しません

## 2022年

# 独居世帯が3分の1の「ひとり暮らし社会」元年に

### 団塊世代の先頭が75歳を迎え、ひとり暮らし女性の世帯が増えてゆく

**日本では、人口は減少しているのに、世帯数は増えている。**社人研の推計によれば、2023年には世帯数のピークを迎えるが、これはひとり暮らし世帯が拡大しているからなのだ。今の日本では、「夫婦と子供2人」が標準的な世帯ではなくなった。

団塊世代の先頭である1947年生まれが75歳になるのが2022年。夫が亡くなり、ひとり暮らしとなる女性が増える頃である。ひとり暮らし世帯の増加が本格化してくるこの年を、「ひとり暮らし社会」元年と呼ぶことにしよう。

ひとり暮らしが増える原因に目を向けると、主な原因は3つある。1つ目は、**子供と同居しない高齢者が増大**したことだ。2035年には2010年と比べて、65歳以上のひとり暮らし世帯が1・53倍に急増する。

2つ目は**未婚者の増加**である。男女ともほぼすべての年代で未婚率が上昇している。2015年の生涯未婚率は男性23・4%、女性14・1%と、家庭を作らない人は珍しくない。3つ目は**離婚の増加**である。単純に計算して「3組に1組」が離婚するのだ。

この3つは密接に関係している。**若い世代の独身の増加は、将来のひとり暮らし高齢者の増加を意味するから**である。今後は配偶者との死別や離婚に加えて、「若い頃からずっと独身」という人が増える。

もはや、ひとり暮らしが日本の主流になることは避けられず、家族という単位は消滅の危機を迎え、それを前提にした社会の枠組みもまた、維持できなくなってしまうであろう。

# 2020年代のひとり暮らしの激増を織り込んでいない社会保障制度は、破綻!?

## ひとり暮らしの高齢者は増加の一途をたどる

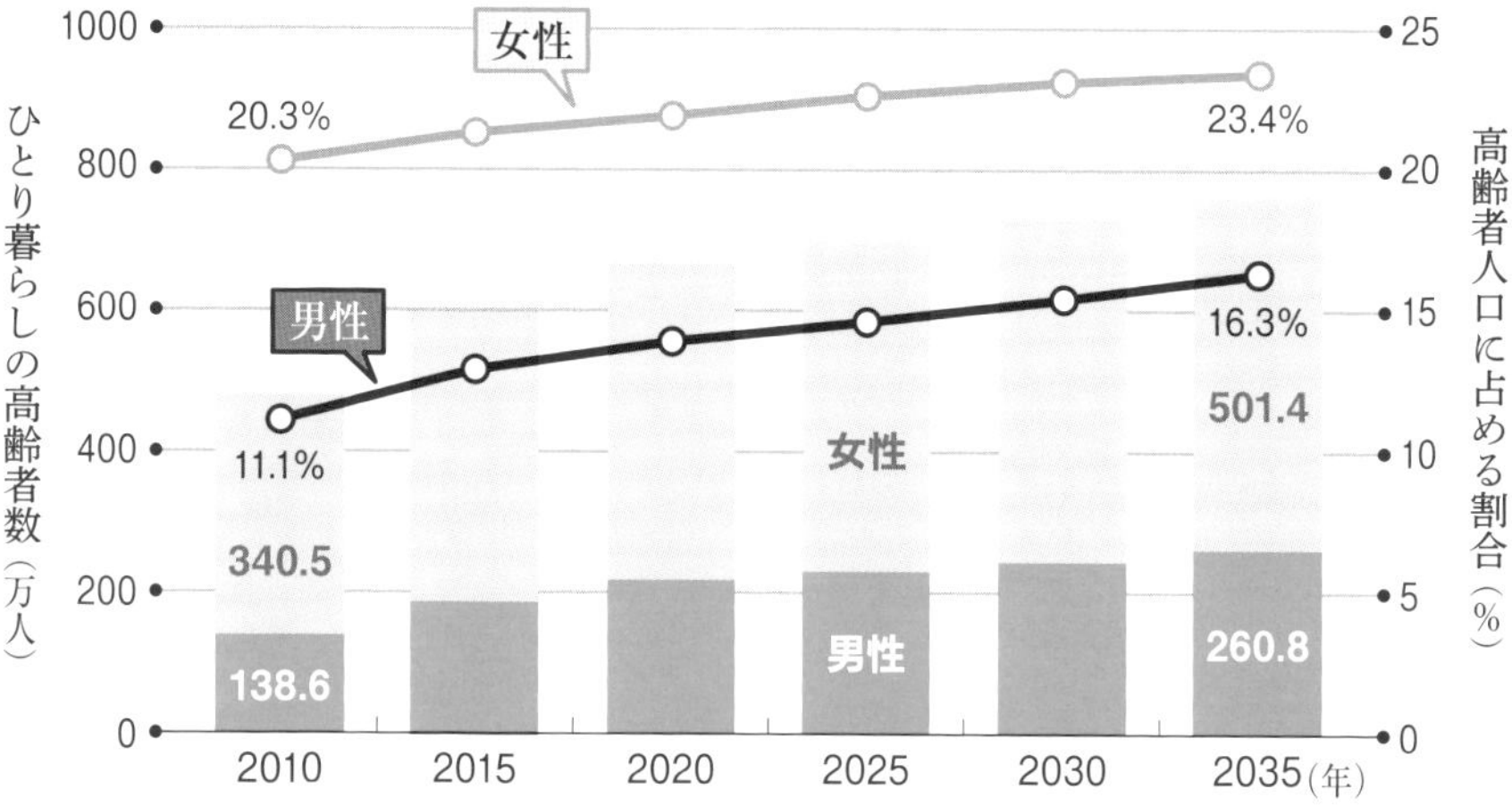


※2010年は実績値
内閣府「高齢社会白書」（2017年）より

## 生涯未婚率は今後も増加してゆく

「会社人間」と言われる人ほど早めに、地域コミュニティに溶け込む努力をしましょう！

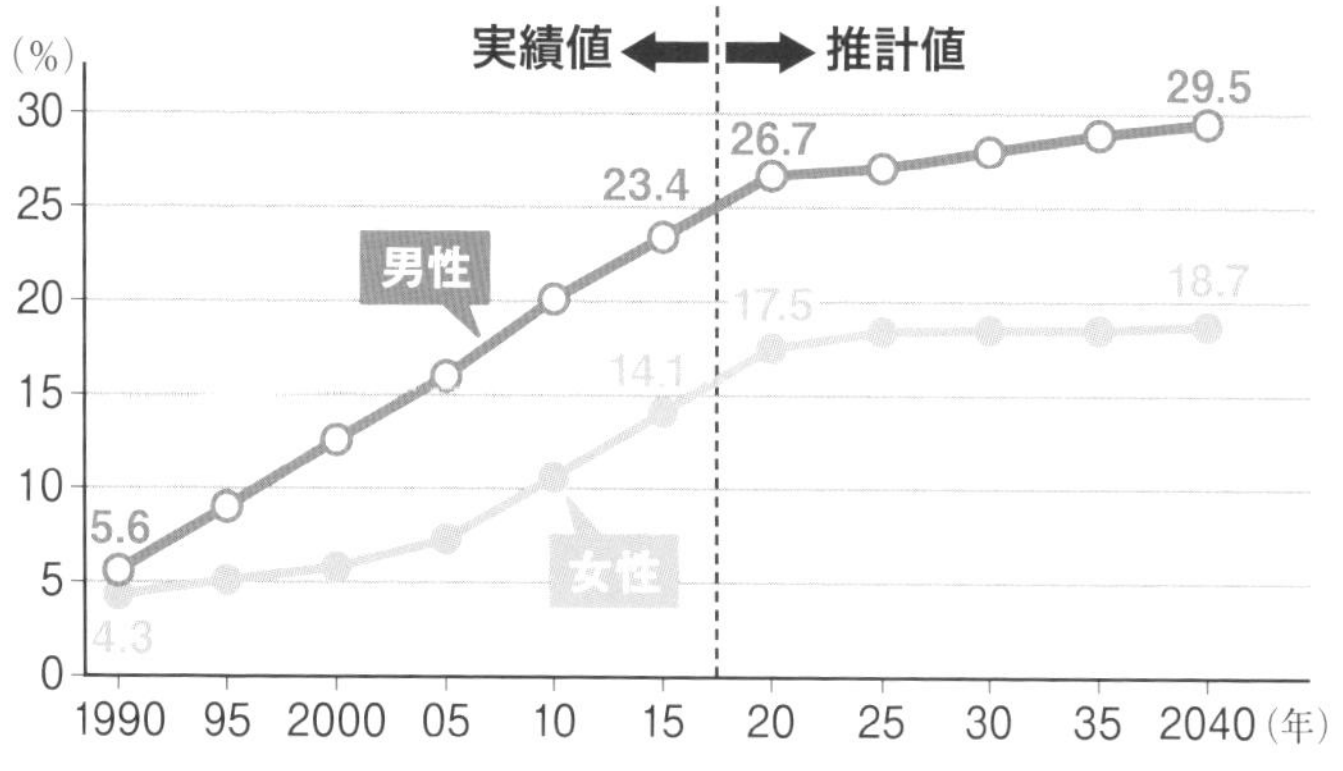


※生涯未婚率とは50歳時点で一度も結婚をしたことのない人の割合
国立社会保障・人口問題研究所「日本の世帯数の将来推計（全国推計）」（2018年）、「人口統計資料集」（2017年）より

## 2023年

# 人件費がピークを迎え、企業の経営を圧迫する

### 勤労世代が減りながら高年齢化が進むと、業務内容に偏りが出て、人件費ばかりかさむ

若者3人が高齢者1人を支える「騎馬戦型社会」から、いずれはマンツーマンで支える「肩車型社会」へと転換するという譬《たと》え話が、かつて盛んに語られた。**今すでに「騎馬戦」は成り立たず、いよいよ「肩車型社会」が迫っている。**

肩車の「支え手」となる勤労世代の減少についてはよくご存知だろうが、そこには、実はあまり語られていない重要なポイントが隠れているのだ。

それは、**勤労世代の絶対数が減りながら、この世代の中でも高年齢化が進む**ことである。2015年の時点で50歳以上が勤労世代の3分の1を占めているが、2040年には4割以上へと増加する。

労働力人口の高年齢化を各職場に置き換えて考えれば、ベテラン社員が増えるということになるだろう。仕事に対する知識や熟練度は高いかもしれないが、ある年齢層だけに偏っていては円滑に仕事を進めることはできまい。

最大の問題は、**人件費の増大**である。一般的に賃金のピークは50代前半とされる。そのため、企業の人件費は、団塊ジュニア世代の多くが50代となる2021年から2024年頃にかけてピークを迎える。さらに団塊ジュニア世代より少し生まれの早い「バブル世代」が60代になる2030年以降は、退職金負担も重くのしかかってくる。

最近は業績好調な企業でも希望退職や早期退職の募集が目立ってきた。労働力人口が高年齢化しながら大きく減少していく中で、会社の財務状況を健全に保つには根本的な改革も必要なのである。

## 2020年代の「肩車型社会」は、やせ細った若者が顔を真っ赤にして、太った高齢者を担ぐ姿かぁ

### 2019年に希望・早期退職者を募集した上場企業は36社も！

| 商号 | 募集人数 | 商号 | 募集人数 | 商号 | 募集人数 |
|---|---|---|---|---|---|
| 富士通 | | Aiming | 40 | 藤久 | 30 |
| 東芝 | 約1,060 | メガチップス | 40 | サンデンHD | 200 |
| 東芝子会社の東芝デバイス＆ストレージ | 350 | プロルート丸光 | 25 | ルネサスエレクトロニクス | |
| コカ・コーラ ボトラーズジャパンHD | 700 | アマガサ | 15 | FDK | 250 |
| アステラス製薬 | | 鳥居薬品 | | スペースシャワーネットワーク | 15 |
| アルペン | 300 | ジャパンディスプレイ | 1,200 | 日本電波工業 | 100 |
| 協和発酵キリン | | キョウデン | | ラピーヌ | 40 |
| 日本ハム | 200 | TATERU | 160 | オンキヨー | 100 |
| 中外製薬 | | 富士通フロンテック㈱ | 100 | 光村印刷 | |
| カシオ計算機 | | 東邦レマック | 20 | ヤマハモーターロボティクスHD | 70 |
| 昭文社 | 80 | アサヒ衛陶 | 15 | キリンHD | 非開示 |
| 片倉工業 | | 中村超硬 | 60 | | |
| | | クボテック | | | |

東京商工リサーチの調査より

### 社会保障給付費のうち、介護・医療はどんどん増大

収入をどう確保していくか、10年後の働き方について考え、スキルアップを今からしましょう！

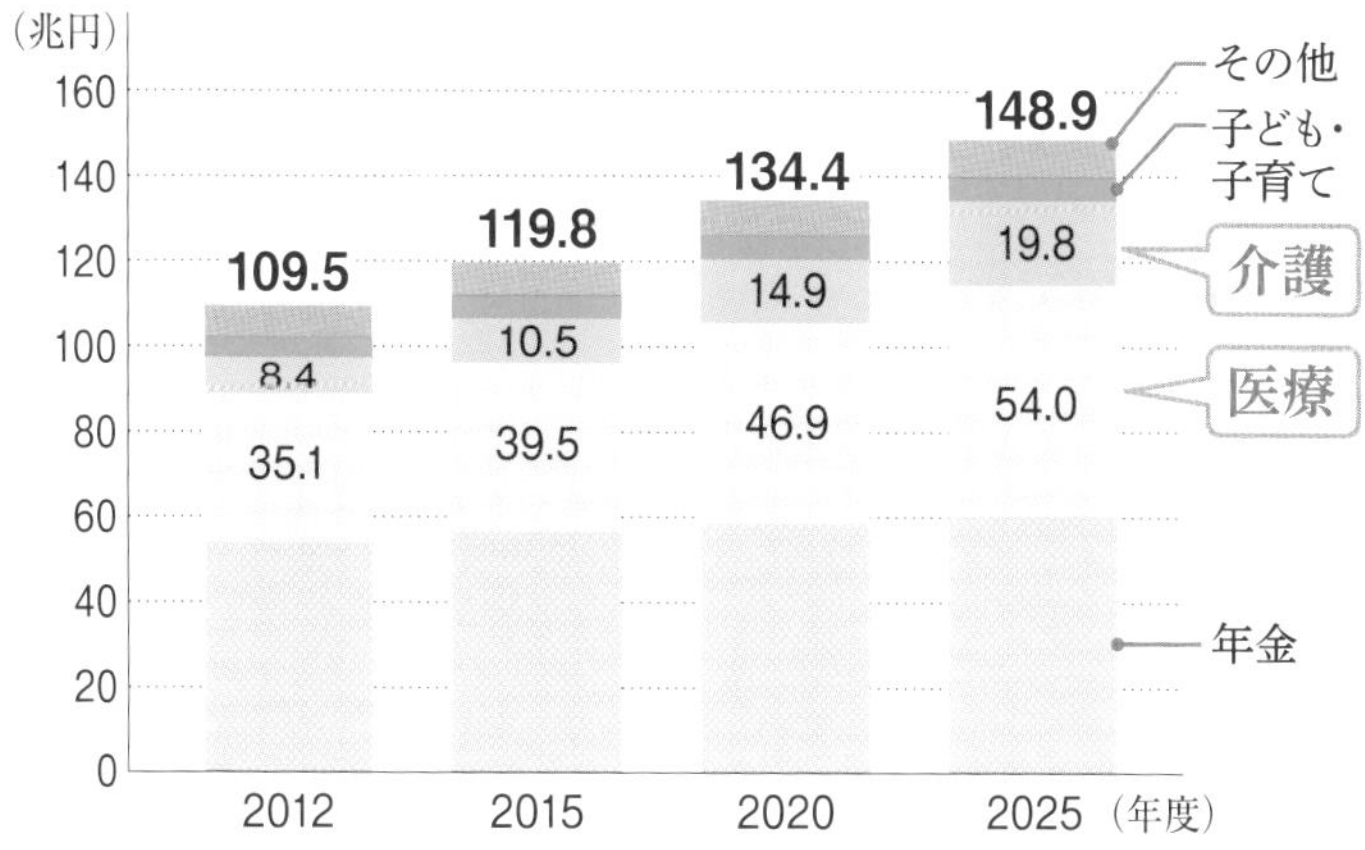

(兆円)
160
140
120
100
80
60
40
20
0
109.5
119.8
134.4
148.9
8.4
10.5
14.9
19.8
35.1
39.5
46.9
54.0
その他
子ども・子育て
介護
医療
年金
2012
2015
2020
2025
(年度)

厚労省「社会保障に係る費用の将来推計」(2012年) より

## 2024年

# 6人に1人が75歳以上の「超・高齢者大国」に

## 3人に1人が高齢者、毎年の死亡者は出生数の2倍。「ダブルケア」という難題も

「2025年問題」という言葉が定着し、団塊世代全員が75歳以上になるのは2025年だと思い込んでいる人も多いが、厳密には2024年である。

2024年には65歳以上の高齢者が約3670万人と、国民の3人に1人を占める。さらに75歳以上は約2121万人と、国民の6人に1人を占める計算になる。**この年の死亡数は150万人を超え、出生数の2倍**にもなる。人類史上経験したことのない**「超・高齢者大国」**の出現である。

しかし「超・高齢者大国」の課題は高齢化だけではない。昨今の晩婚・晩産の影響で、「50代で子育て中」という人は増える傾向にある。その結果、**育児と介護を同時に行わざるを得ない「ダブルケア」に直面する人も増えていく**のだ。「ダブルケア」をしている人の約80％は働き盛りの30〜40代だが、肉体的負担から追い詰められる人も少なくない。

「ダブルケア」のさらなる問題点は、親の晩婚・晩産が世代を超えて子供に影響を及ぼし得ることである。50歳と40歳の両親から生まれた子供が20代後半で結婚するケースを考えてみよう。子供は晩婚ではないにもかかわらず、結婚時に両親が高齢化しているため、否が応でも「ダブルケア」に直面する可能性がある。

そして晩婚・晩産の影響は「ダブルケア」にとどまらない。定年退職後も子供が大学に在学するケースでは、早くから収入面の計画を立てておく必要がある。手遅れになると、人生設計に「予期せぬ悩み」が舞い込むこととなろう。

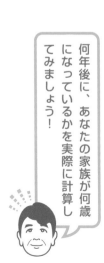

## 親と子供の「老老介護」、自分の親と夫を妻が同時に看る「ダブルケア」なども急増するぞ

### 育児と介護の「ダブルケア」をする人の80%は働き盛り

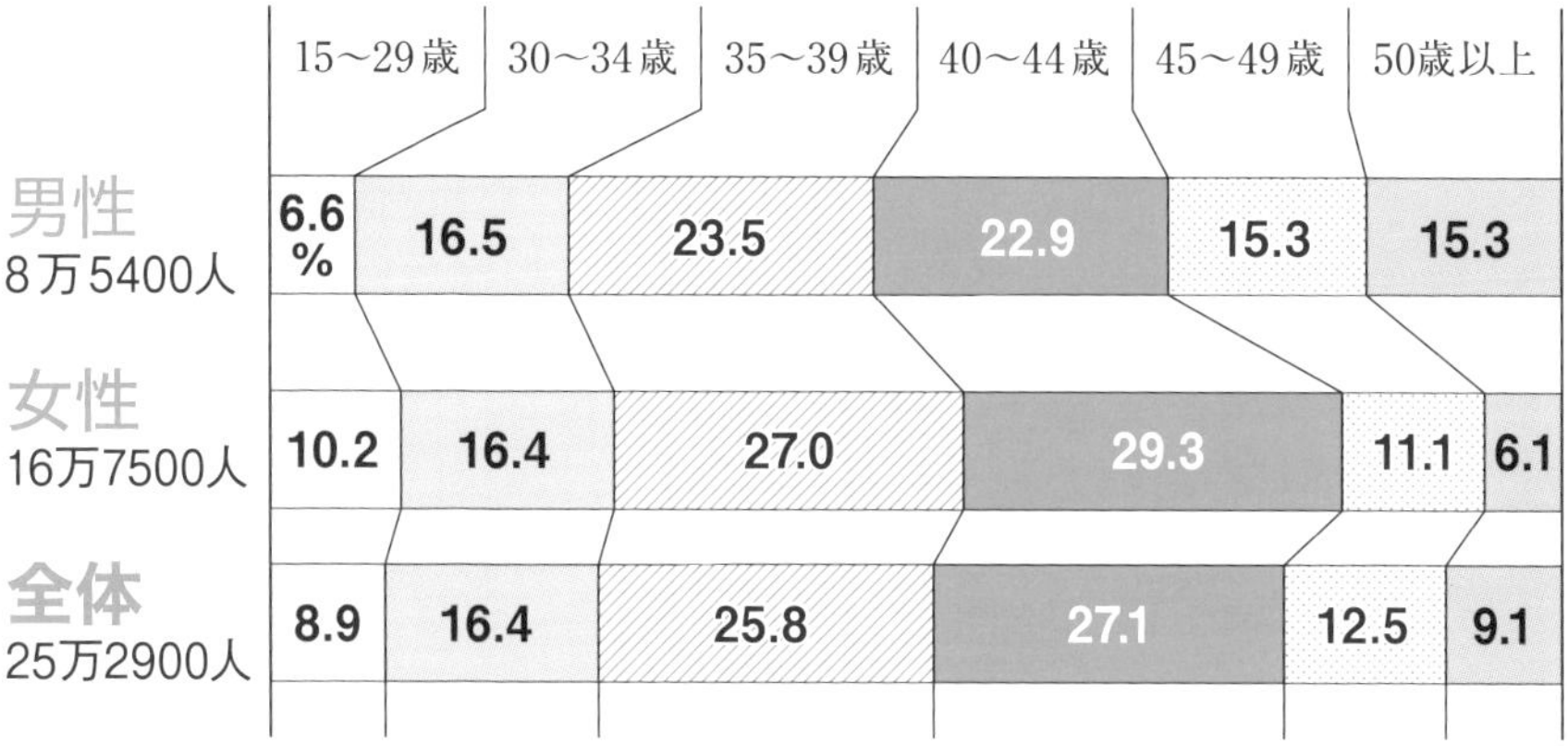

15〜29歳
30〜34歳
35〜39歳
40〜44歳
45〜49歳
50歳以上
男性
8万5400人
6.6%
16.5
23.5
22.9
15.3
15.3
女性
16万7500人
10.2
16.4
27.0
29.3
11.1
6.1
全体
25万2900人
8.9
16.4
25.8
27.1
12.5
9.1


※端数の関係で合計値と一致しないことがある
内閣府「育児と介護のダブルケアの実態に関する調査」(2016年)より

### 認知症高齢者は、2025年には730万人を突破

何年後に、あなたの家族が何歳になっているかを実際に計算してみましょう!

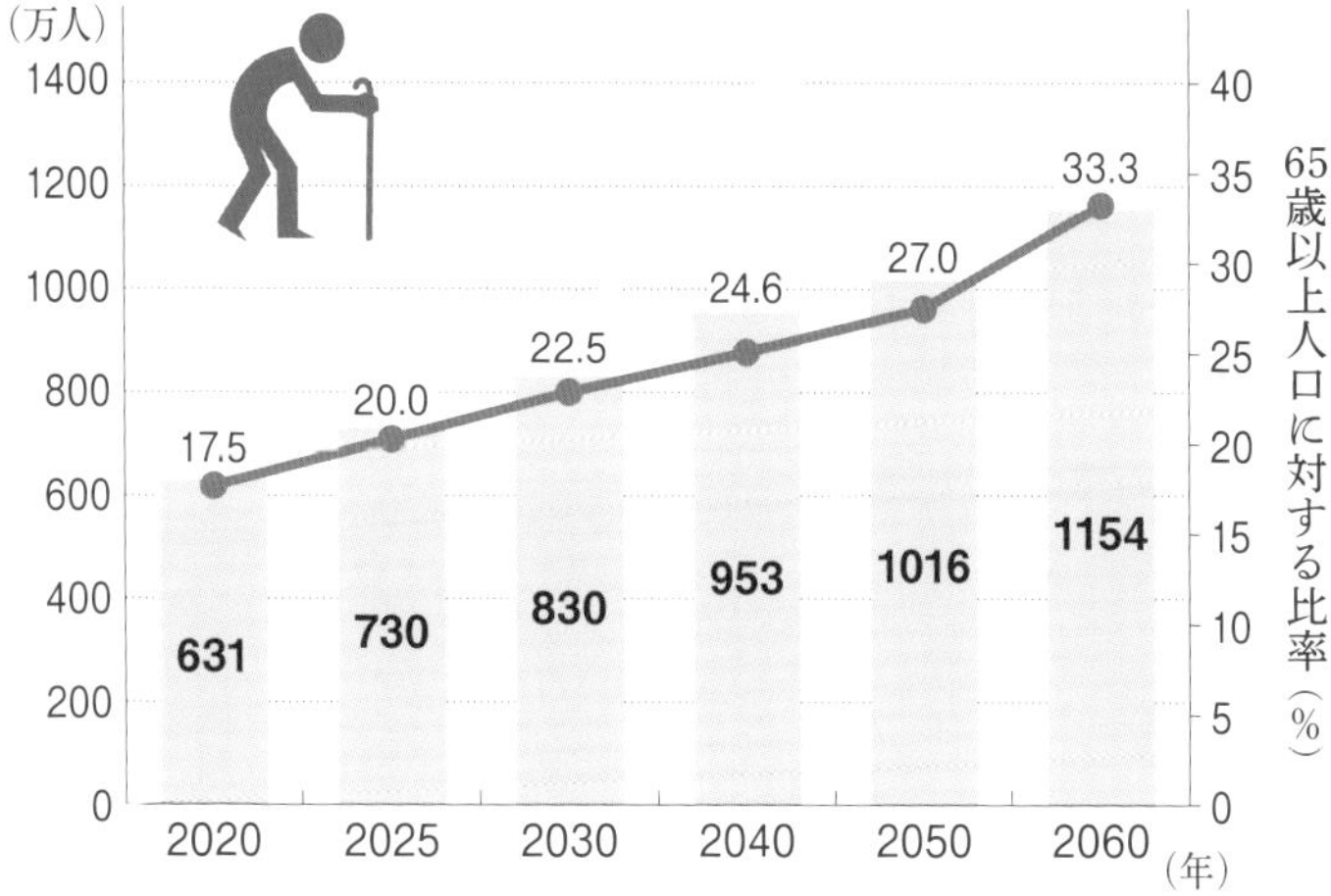

(万人)
1400
1200
1000
800
600
400
200
0
40
35
30
25
20
15
10
5
0
65歳以上人口に対する比率(%)
17.5
20.0
22.5
24.6
27.0
33.3
631
730
830
953
1016
1154
2020
2025
2030
2040
2050
2060
(年)


内閣府「高齢社会白書」(2017年)より

# 2027年

# がん治療をしてもらえない患者が増える

## 献血者の減少による輸血用血液の不足で、「病院に行っても助からない」事態に

リニア中央新幹線の２０２７年の開業は工事の遅れから雲行きが怪しくなりつつあるが、この年はリニア中央新幹線と同様に行方が気がかりなことが表面化するかもしれない。医療を取り巻く環境が劇的に変わる可能性があるのだ。

少子高齢社会の懸念の一つに「医療の崩壊」がある。政府内の議論では、医療保険財政の破綻や医師不足への懸念が問題になっている。しかし、これとは別の危機があることも忘れてはならない。**手術や治療に必要となる輸血用血液の不足**である。

まだまだ知られていないが、抗がん剤などによって、体内で血液が作りにくくなるがん患者には、輸血が必要だ。日本人の２人に１人ががんを患うことを考えれば、高齢社会で輸血用血液の需要が高まるのは必至であろう。必要量がピークを迎えると予想されるのが、２０２７年なのだ。

献血が可能な年齢は16～69歳までだが、少子化によってこの年齢層がどんどん先細りしていく。２０２７年には、延べ約５４５万人の献血者が必要になるが、実際に献血する人は約４５９万人にとどまる見込みで、約86万人分も不足する事態に陥ってしまうのだ（ただし、２０１８年に日本赤十字社は、必要な献血者は４７７万人に減ると予測を改めた）。

つまり、**「病院に行けば助かる」というこれまでの常識は通用しなくなる**ということである。どれほどの名医が待っていようとも、輸血用血液が足りなければ適切な治療を受けられない。少子高齢化とは、「常識」が根底から書き換えられることなのだ。

**医師がいても、看護師、事務スタッフ、薬剤師が不足すれば、適切な治療は受けられないのね**

## 2020年から献血可能人口はみるみる減ってゆく

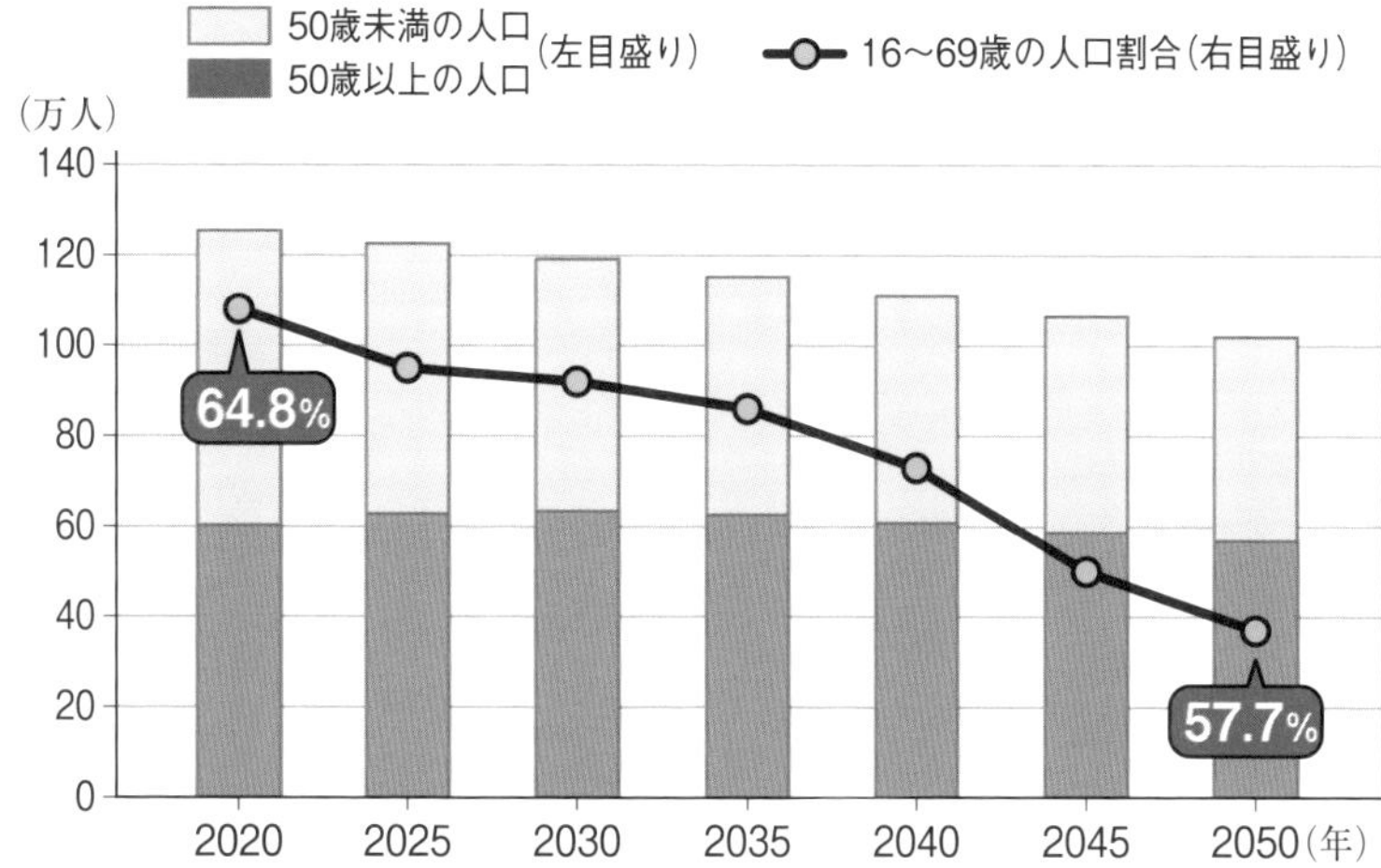

50歳未満の人口
50歳以上の人口
(左目盛り)
16〜69歳の人口割合(右目盛り)
(万人)
140
120
100
80
60
40
20
0
(%)
68
66
64
62
60
58
56
54
64.8%
57.7%
2020
2025
2030
2035
2040
2045
2050(年)


国立社会保障・人口問題研究所「日本の将来推計人口」(2017年)より

## 輸血用血液のうち約４割が、がんに使われている

血液だけでなく、医薬品や消毒液が提供されて初めて適切な医療を受けられる事実を忘れないことです！

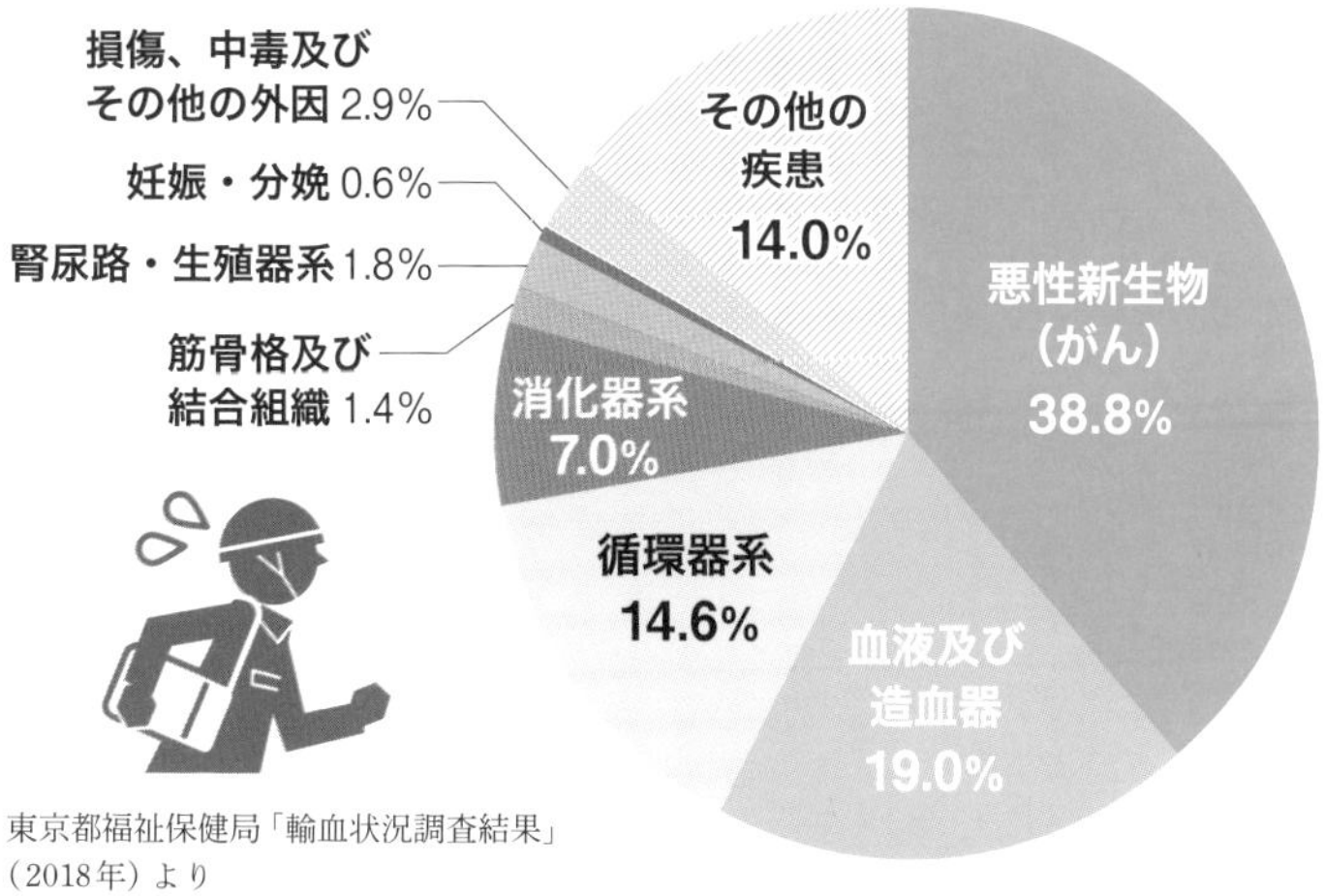

損傷、中毒及び
その他の外因 2.9%
妊娠・分娩 0.6%
腎尿路・生殖器系 1.8%
筋骨格及び
結合組織 1.4%
その他の
疾患
14.0%
悪性新生物
(がん)
38.8%
消化器系
7.0%
循環器系
14.6%
血液及び
造血器
19.0%


東京都福祉保健局「輸血状況調査結果」(2018年)より

2030年

# 銀行、大学、老人ホームが地方から消えゆく

## 全国の道府県の8割が生産力不足に陥り、地方に住む人々は満足なサービスを受けられない

田中角栄首相が唱えた日本列島改造論によって、日本が開発ブームに沸いたのも今は昔。人口が激減する時代では、日本列島改造論が目指したような「国土の均衡ある発展」の実現は叶わぬ夢となった。

それどころか、2030年度には全国の80％にあたる**38道府県で、域内の供給力では需要を賄い切れなくなる〝生産力不足〟に陥る**と予想される。少子化に加えて、若者の都会への流出が進むことで、地方での生産年齢人口が極端に減ることが主たる要因である。

生産力不足に陥ると、住民の暮らしに不可欠なサービスも維持できない。スーパーマーケットや美容院、金融機関にしても、ある程度の顧客数が見込める地域にしか店舗を維持できないからだ。

どれだけの自治体が窮地に追い込まれるのか、「国土のグランドデザイン2050」で見てみよう。大きな需要規模を必要とする百貨店では、38・1％の自治体で立地が難しくなる。大学は24・5％、有料老人ホームは23・0％の自治体で存続できなくなる可能性が出てくる。さらに2040年時点で人口規模が5000人以下になると、一般病院や銀行までもが姿を消してしまうだろう。

**どれだけAIやICT**（情報通信技術）**が発達しようとも、人が携わる必要のある仕事は残り続け、最低限のコストは必要になる。**だが、消費者の絶対数が減ったのでは、やはり経営の限界はどこかでやってくる。求められているのは、「国土の均衡ある発展」のような幻想ではなく、現実的な対応である。

## 2019年もすでに、銀行や介護老人福祉施設、百貨店が町から続々と撤退し始めているよ

### サービス施設が立地する自治体の規模（三大都市圏を除く）

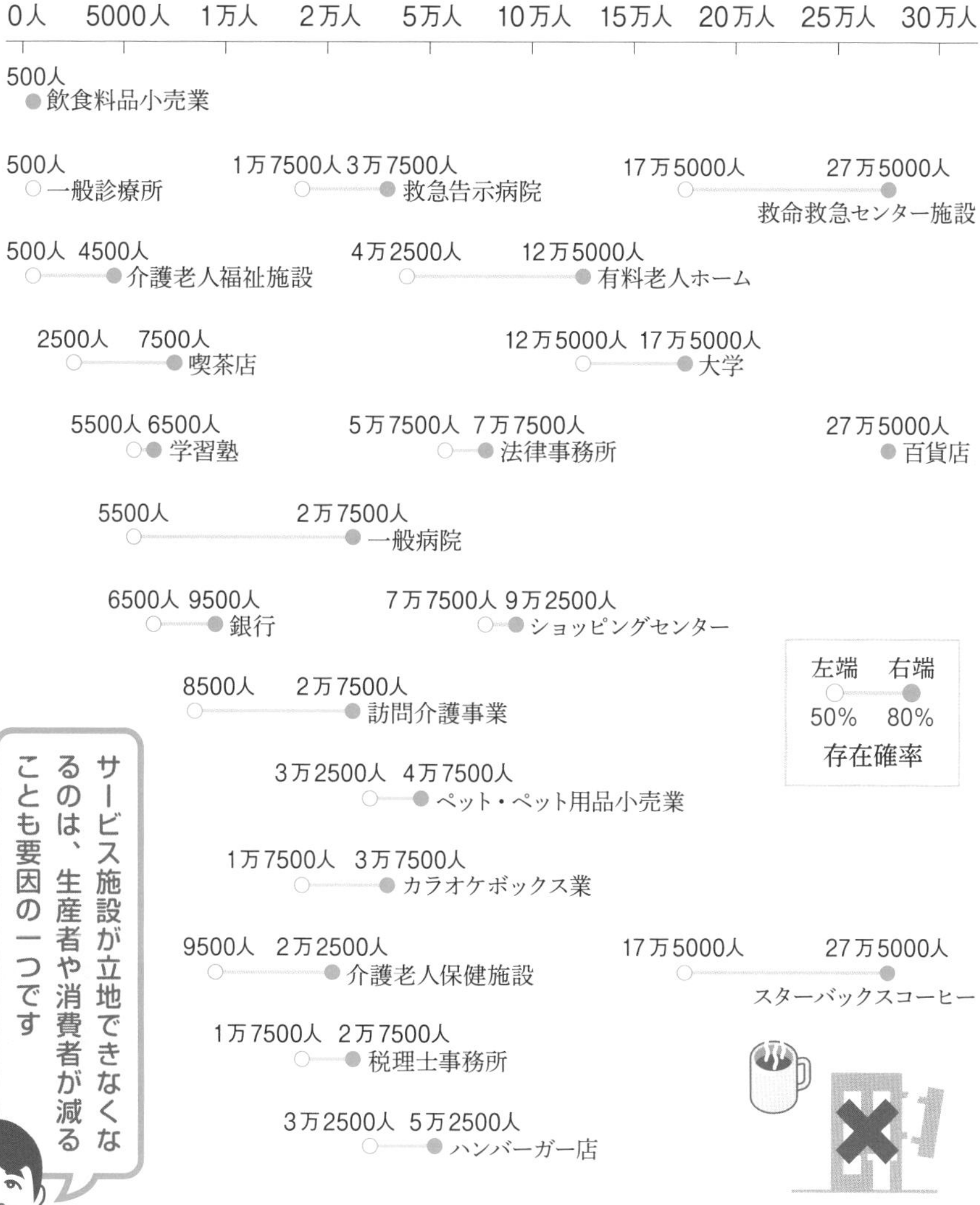

0人　5000人　1万人　2万人　5万人　10万人　15万人　20万人　25万人　30万人
500人 飲食料品小売業
500人 一般診療所
1万7500人 3万7500人 救急告示病院
17万5000人 27万5000人 救命救急センター施設
500人 4500人 介護老人福祉施設
4万2500人 12万5000人 有料老人ホーム
2500人 7500人 喫茶店
12万5000人 17万5000人 大学
5500人 6500人 学習塾
5万7500人 7万7500人 法律事務所
27万5000人 百貨店
5500人 2万7500人 一般病院
6500人 9500人 銀行
7万7500人 9万2500人 ショッピングセンター
左端 右端
50% 80%
存在確率
8500人 2万7500人 訪問介護事業
3万2500人 4万7500人 ペット・ペット用品小売業
1万7500人 3万7500人 カラオケボックス業
9500人 2万2500人 介護老人保健施設
17万5000人 27万5000人 スターバックスコーヒー
1万7500人 2万7500人 税理士事務所
3万2500人 5万2500人 ハンバーガー店

サービス施設が立地できなくなるのは、生産者や消費者が減ることも要因の一つです


国土交通省「国土のグランドデザイン2050」（2014年）より

## 2033年

# 全国の住宅の4戸に1戸超が「空き家」になる

### あなたの周りの「老いる家」を放置すれば、住環境が乱れ、治安も悪化する

当然のことだが、跡継ぎがいない家には、いずれ住人がいなくなる。全国の空き家は約849万戸に上り、過去最高を記録した（総務省「住宅・土地統計調査」2018年）。総住宅数が約6241万戸だから、7～8軒に1軒は誰も住んでいないという計算だ。今後も空き家が増え続けるとどうなるのか？

野村総合研究所の試算（2019年）によれば、2033年の総住宅数は7156万戸へと増大し、空き家は1955万戸、つまり空き家率は27・3％まで上昇するという。つまり、**全国の4戸に1戸超が空き家となってしまう**（2016年時点で、野村総研は空き家率を30・4％と試算していた）。

空き家数が増大すれば、景観が悪化するだけでなく、倒壊の危険が増し、犯罪も誘発する。**廃墟ばかりの殺伐とした地域が広がれば、街全体のイメージが悪くなり、住民が流出する。**やがて地域社会全体が崩壊することにもつながるだろう。

空き家問題の根本的な解決には、「なぜ増えたのか？」という理由に立ち返らねばならない。**最大の要因は住宅の過剰供給**である。政府も住宅ローンの控除など、新築住宅の開発を促す政策を推進してきた。住宅取得が進めば家電製品や家具などの需要が伸びるため、わかりやすい景気刺激策だったのだ。

しかし、家を相続する子供は減るばかりだし、都会に出た子供はなかなか田舎の家に価値を見出しにくい。こうした状況を踏まえると、新築住宅の着工を抑えることは欠かせない。空き家問題を放置すれば、日本中の住宅街がスラム化するだろう。

## 戸建てに加えて、大都市圏の「老朽化したマンション」もスラム化への道を歩んでいるわ！

### 2033年の空き家数は約1955万戸、空き家率は27.3%に

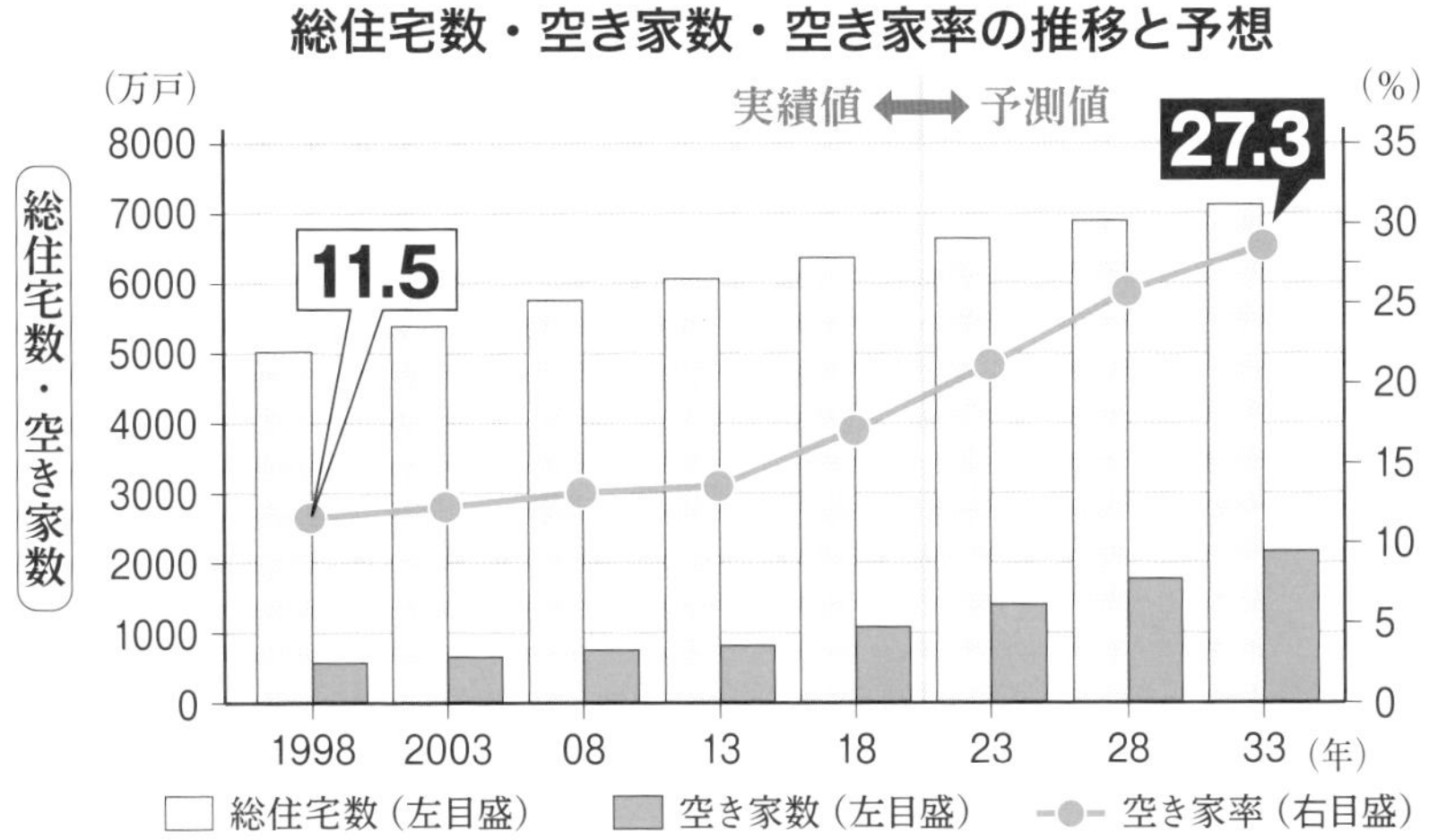


実績値は総務省「住宅・土地統計調査」、予測値は野村総合研究所の試算（2019年）より

### 築後40年超のマンションは、10年後に3倍、20年後には6倍に！

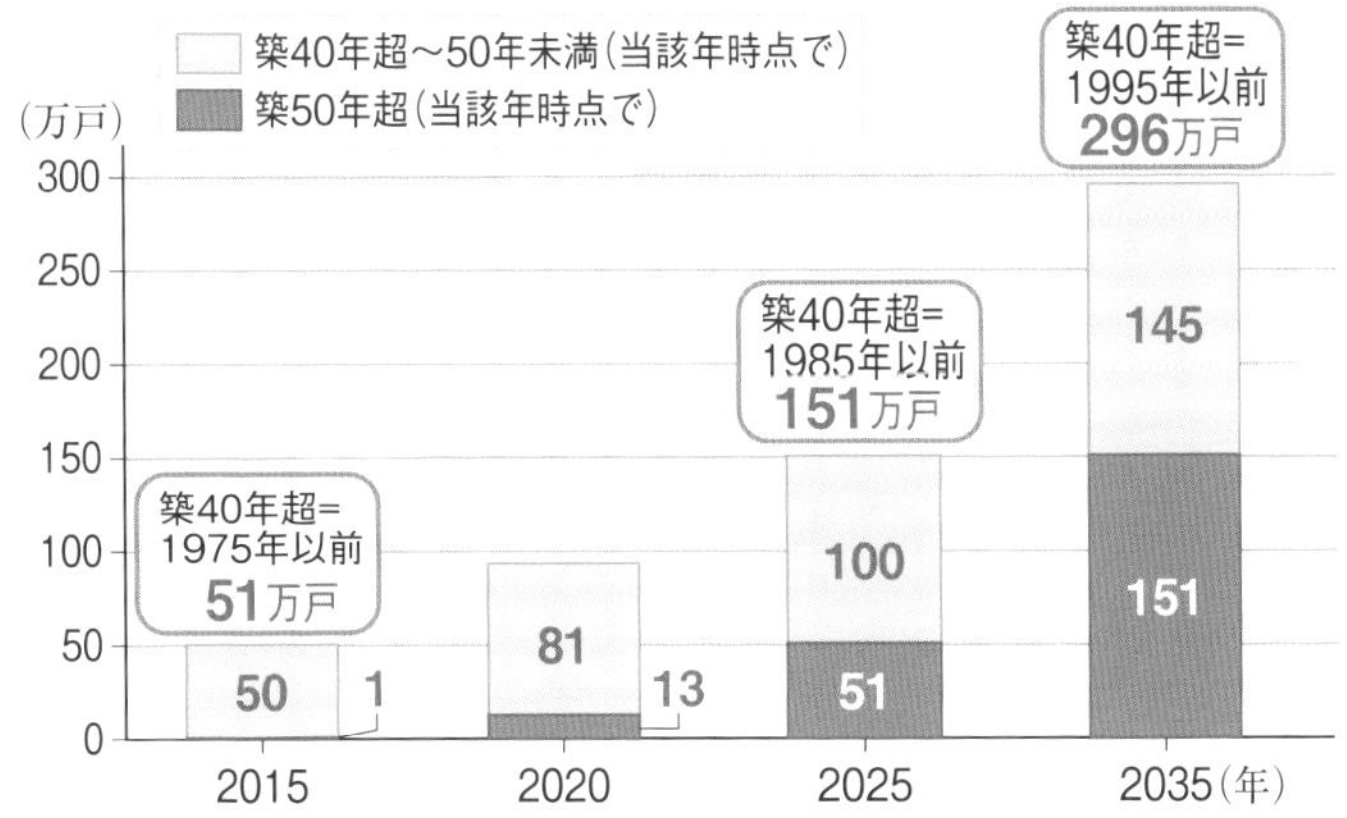


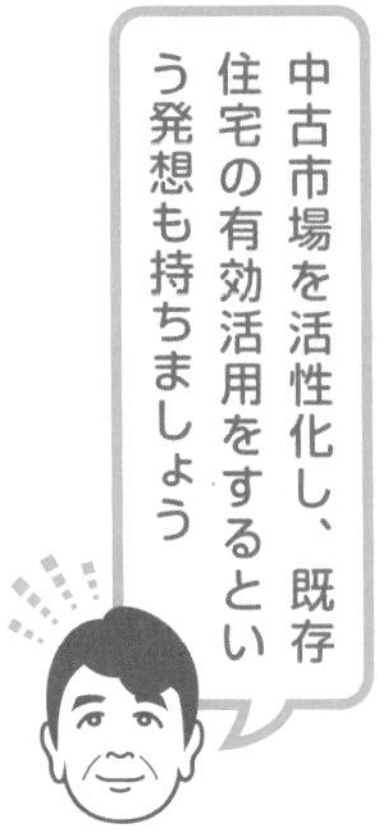


※築後40、50年超の分譲マンション数
国土交通省の資料より

## 2042年

# 高齢者が約4000万人、「日本最大のピンチ」に

### 団塊世代が90代、団塊ジュニア世代が70代に突入し、大量の独居高齢者が誕生

「日本最大のピンチ」は２０４２年であると私は考えている。**就職氷河期世代が老い、独居高齢者が大量に生まれる**からだ。

現在、政府が想定する人口問題の危機は「２０２５年問題」である。人口ボリュームの大きい団塊世代が75歳以上になり、医療・介護費がかさむと懸念しているからだ。だが、２０４２年頃の日本社会は、２０２５年よりもさらに深刻な状況に置かれるであろう。

２０４２年、それは**高齢者の数が３９３５万２０００人と、ピークを迎える年**なのである。団塊世代に次いでボリュームの大きい団塊ジュニア世代が、すべて高齢者となっているからだ。平均寿命の延びを考えれば、90代半ばに差し掛かる団塊世代も元気に暮らしていることだろう。

さらに問題なのが、**団塊ジュニア世代は「就職氷河期世代」でもあり、非正規労働者として働いている人も多い**ことである。彼らの多くは年金保険料の納付実績が十分ではないため、将来的な低年金・無年金状況を避けられない。そして団塊ジュニア世代を含む35〜44歳で、親と同居する未婚者の割合は16・３％と高い水準にある。

こうした人たちが年を重ね、２０４２年頃に**貧しき独居高齢者が大量に誕生する**のである。

高齢者向けサービスの絶対量を増やすコストだけでも相当なものだ。それに加えて貧しい世代の老後を生活保護で賄うだけの費用を、数少ない「次の世代」に払わせるのはあまりにも酷ではないか。

## 貯蓄が乏しく、低年金・無年金という高齢者を数少ない「次世代」だけで支えきれるのか？

### 親と同居する35～44歳の未婚者は、ここ40年間で急増した

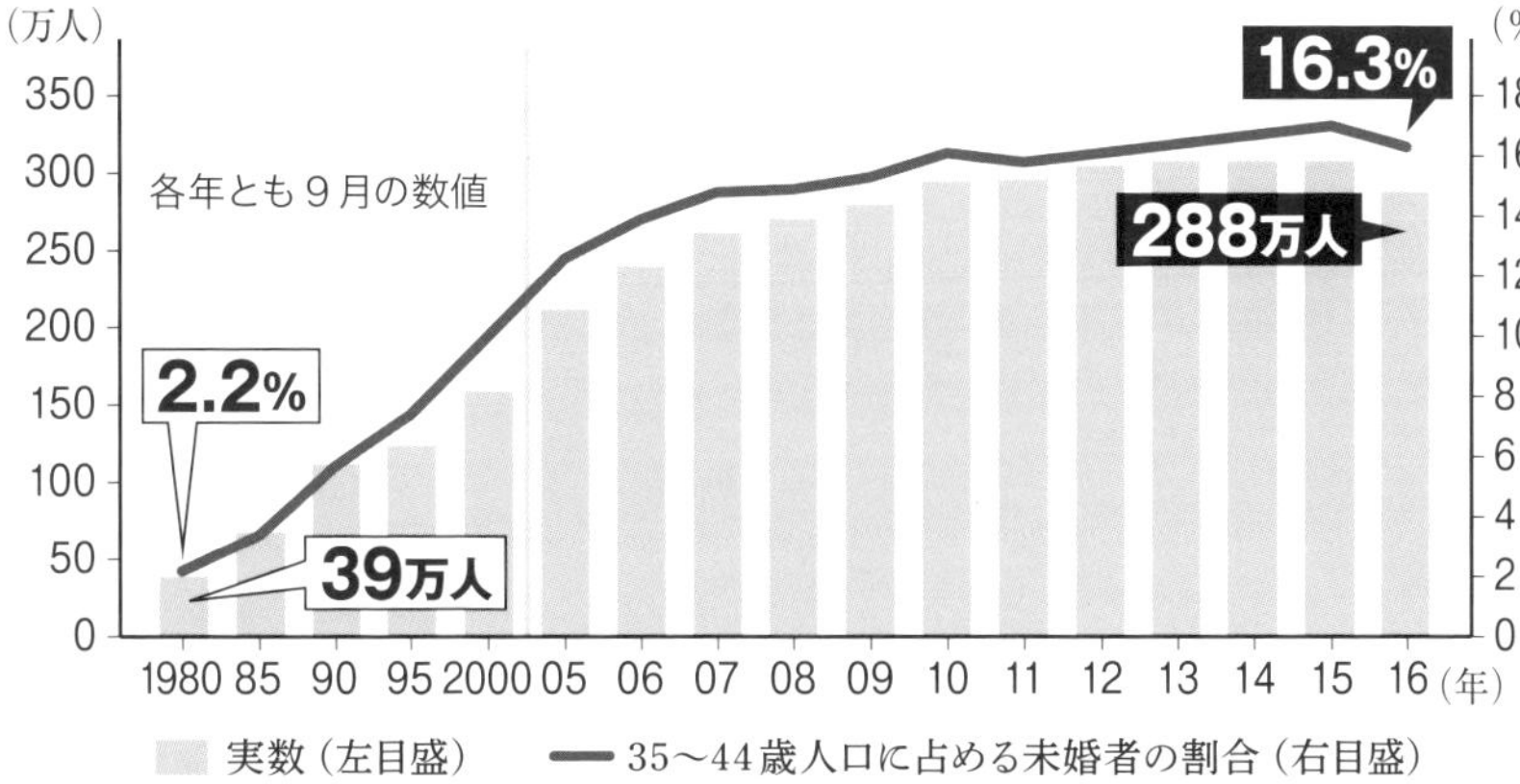
（万人）
（%）
350
300
250
200
150
100
50
0
18
16
14
12
10
8
6
4
2
0
各年とも９月の数値
16.3%
288万人
2.2%
39万人
1980
85
90
95
2000
05
06
07
08
09
10
11
12
13
14
15
16
（年）
実数（左目盛）
35～44歳人口に占める未婚者の割合（右目盛）

総務省統計研修所の資料より

### 今後しばらく「高齢者」の高齢化が進む

政府は就職氷河期世代の就労支援に力を入れ始めましたが、低年金・無年金は避けられないでしょう

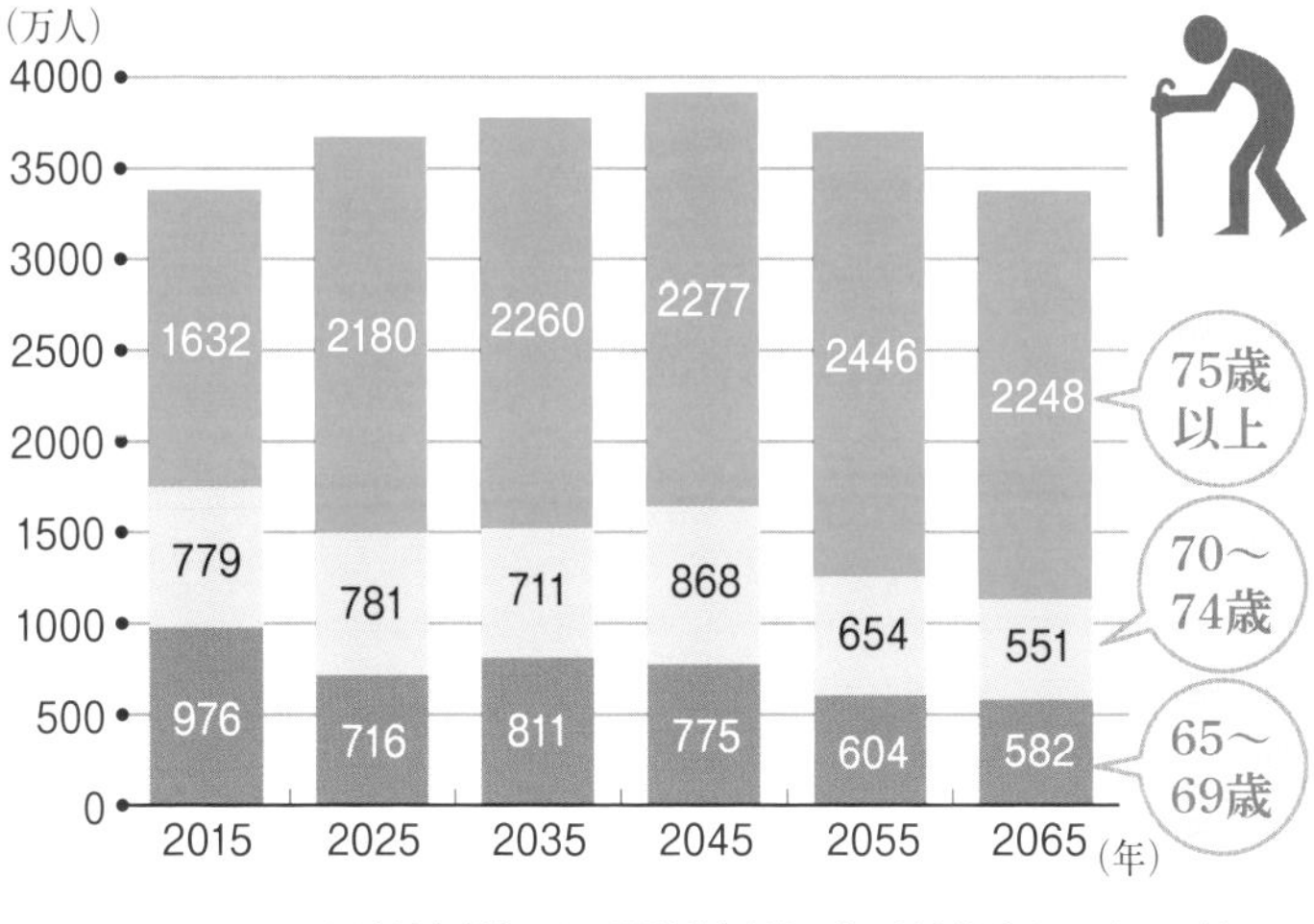
（万人）
4000
3500
3000
2500
2000
1500
1000
500
0
1632
779
976
2180
781
716
2260
711
811
2277
868
775
2446
654
604
2248
551
582
75歳以上
70～74歳
65～69歳
2015
2025
2035
2045
2055
2065
（年）

国立社会保障・人口問題研究所「日本の将来推計人口」（2017年）より

2050年

# 世界的な食料奪い合い戦争に巻き込まれる

## 人口が減りゆく日本に対して、世界人口は100億人へと増え続ける。そのとき食料は？

勤労世代が減るということは、農業に携わる人が減ることでもあり、それは食料の確保に大きな危機をもたらす。実際、**農業就業人口は、2015年までの四半世紀で482万人から約210万人へと半数以下になっている。**この大きな要因は、戦後の日本農業を引っ張ってきた昭和一桁生まれの人々が引退したこと、すなわち高齢化である。

このままでは農業就業人口は先細りとなり、農業を主産業とする地方にとって大打撃になる。地方には農業就業者を当てにして成り立つビジネスモデルも多いが、そうした企業も維持できなくなり、地域全体の人口減少が加速する。それに伴い農業をやめる人も増え、農地面積の減少スピードも速くなる。**農業就業者も減り、農地面積も減ったのでは収穫量は当然落ち込む。**

ここで少し視野を広げ、世界に目を転じてみよう。**世界中の人口は年々増え続け、そのぶんだけ食料が必要になる。**世界の人口が97億7200万人に増える2050年には、2000年比で1・55倍の食料生産が必要になるという（農水省「2050年における世界の食料需給見通し」2012年）。

そのような状況で、日本はこれまで通り食料を輸入し続けられるのだろうか？

国際的に食料確保が困難になることが予想される中で、輸入調達手段の安定化に向けて多様な調達先を確保することが重要な課題だ。これに取り組まなければ、日本は食料の面でも、存亡の危機を迎えることは避けられないだろう。

**2050年の日本では、あちこちで人が住まず**
**スカスカになって、農業もままならないよ〜**

## 2050年に人が住んでいない場所はこんなにも！

国交省「国土のグランドデザイン2050」より

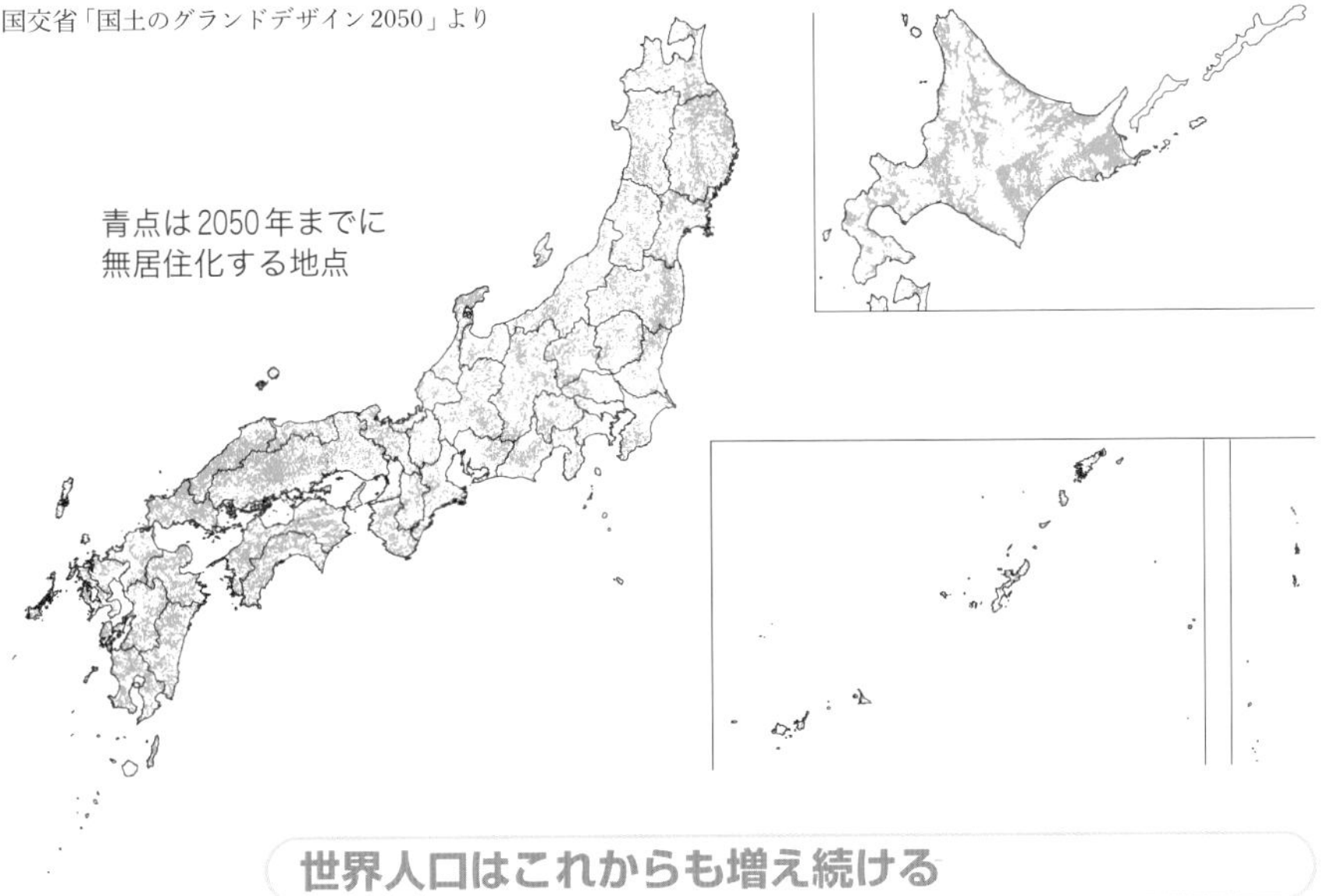

青点は2050年までに
無居住化する地点


## 世界人口はこれからも増え続ける

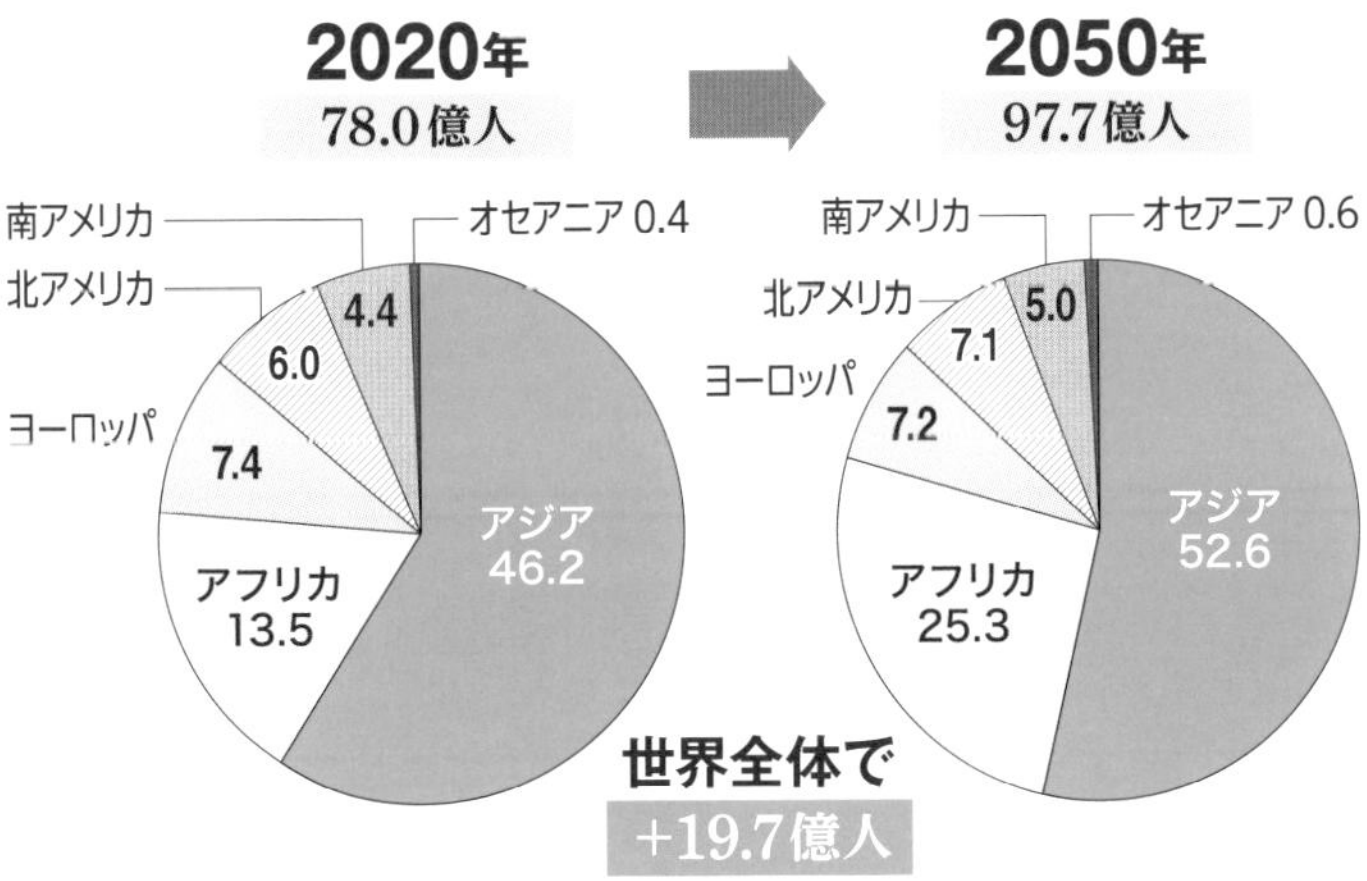

2020年
78.0億人
2050年
97.7億人
南アメリカ
オセアニア 0.4
北アメリカ
4.4
6.0
ヨーロッパ
7.4
アジア
46.2
アフリカ
13.5
南アメリカ
オセアニア 0.6
北アメリカ
5.0
7.1
ヨーロッパ
7.2
アジア
52.6
アフリカ
25.3
世界全体で
+19.7億人

機械化で生産性を上げるとともに、農作物の保存期間を延ばす冷蔵庫の開発も必要です

※端数の関係で合計値と一致しないことがある
総務省統計局「世界の統計2019」より

『未来の年表』に描かれた

# 「日本を救う 10の処方箋」

～次世代のために、取り組むべきこととは？

**戦略的に縮む**

**24時間社会からの脱却**
「過剰サービス」を見直して、必要な働き手を減らす

**非居住エリアを明確化**
人々が市街地区域に集まり住めば社会インフラが行き届く

**国際分業の徹底**
限られた人材や資本を得意分野に集中投下し世界をリードする

**都道府県を飛び地合併**
大都市部と地方の自治体のそれぞれの強みを生かし合う

**「高齢者」を削減**
65歳以上ではなく、70歳や75歳以上が高齢者と定義し直す

**脱・東京一極集中**

**国費学生制度で人材育成**
生産性を向上させるためには高度なイノベーションが必要

**「匠の技」を活用**
「少量生産・少量販売」モデルを、地方創生の起爆剤に

**中高年の地方移住推進**
東京圏で老後を過ごせば「医療・介護難民」に陥るリスクがある

**豊かさを維持する**

**セカンド市民制度を創設**
地方自治体は定住人口ではなく、訪れる交流人口を増やす

**少子化対策**

**第3子以降に1000万円給付**
第3子以降を断念する最大要因の経済負担を解消する

人口減少日本で**あなたに**起きること

# 第2部「未来のカタログ」2020

最近は80代でも心身ともに元気な人も目立つようになった。とはいえ、徐々に耳は遠くなり、総じて理解力や判断力が乏しくなってゆく。こうした「高齢化した」高齢者が増えていく社会は今とはまったく違う社会になる。

# 序　暮らしの安全・安心が脅かされる

シリーズ2作目となる『未来の年表2』（２０１８年5月刊）で、私は、人口減少カタログを編纂して、あなたの身の回りに何が起こるのかを可視化した。

たとえば、**高級タワマンは天空の老人ホームと化し**、高齢者が押し寄せると**デパートの売り場が大混乱する**。あるいは、投票所が減り、地方から投票の機会が奪われていく。

肝心の行政機関も、２０４０年頃になると機能麻痺を起こしかねない。総務省の資料によれば、人口１万人未満の町村では自治体職員が２０１３年比で24・2％、10万人未満の市では17・0％、中核市でも13・9％も不足する。少子化によって、自治体職員に応募する若者も減ってしまうためだ。

こうした状況は、「若い力」を必要とする警察官や救急隊員、自衛官にも例外なく及ぶ。犯罪を取り締まったり、病院へ運んでくれる若者が少なくなれば、暮らしの安心が脅かされるだろう。

また社人研によれば、**２０４５年には住民の過半数が高齢者という〝限界自治体〟が、全体の27・6％を占める**という。それは災害弱者や犯罪弱者が増えることを意味するが、自衛官が十分に確保できなくなったのでは、いざ災害に巻き込まれたときに即座に助けが来るとは限らない。

そうでなくとも、国土交通省の資料は、**２０５０年には、全国民の実に70％が洪水や地震などの被害が想定される「リスクエリア」**（日本全体の29・9％ほど）**に住む**と予想している。これまで「安全・安心な国」というのが日本の大きな特長となってきたが、それを返上する日も近い。

**２０６７年には１００歳以上人口**（56万5０００人）**が年間出生数**（54万6０００人）**を上回る**という異常事態に陥る。ここまで老いた日本を諸外国はどのように眺めるであろうか。日本が完全に〝若さ〟を失ってしまう前に、社会を作り替えなければ取り返しがつかなくなる。

## 2 新・人口減少カレンダー②

**2045年**　＿歳
住民の過半数が高齢者という〝限界自治体〟が27・6％を占める
**存在危惧集落（人口9人以下、高齢化率50％以上）が1万近くになる**

**2049年**　＿歳
100歳以上人口が50万人を突破（51・4万人）する

**2050年**　＿歳
**全国民の7割（7134万人）が「災害リスク地域」に居住する**

**2054年**　＿歳
75歳以上人口がピークを迎え（2449万人）、大病を患う人が増えて病院はパンク状態に

**2055年**　＿歳
要介護認定者数が1000万人を突破（1016万人）、在宅ケアが行き詰まる

**2060年**　＿歳
必要となる外国人労働者数に遠く及ばず、単純労働を必要とする職種が危機的状況に

**2065年**　＿歳
水道事業の有収水量がピーク時より4割減少。事業者の経営を圧迫し水道料金がはね上がる

**2067年**　＿歳
**100歳以上人口が、年間出生数を上回る**

あなたの年齢を書き入れてみよう！

**2076年**　＿歳
年間出生数が50万人を割り、出生数ゼロ自治体が続出

**2085年**　＿歳
19歳以下の人口が1000万人を下回り、若者文化が育たなくなる

**2096年**　＿歳
20〜64歳人口がついに3000万人を割る（2975万人）

**2115年**　＿歳
出生数が31・8万人の一方、100歳以上人口が40・1万人に

## 2-1 マイホームが「殺人装置」化し、生命の危機に見舞われる

### 転倒、窒息、溺死……高齢者の事故の8割は自宅で起きている

「二世帯住宅」も今は昔、代わって「独居高齢者」という言葉をよく聞くようになった。社人研によれば、２０４０年には男性高齢者の20・8%、女性の24・5%がひとり暮らしになると予想される。こうなると、安全なはずの自宅が高齢者に牙をむく。

「高齢者になると事故死が増える」というのは一般的なイメージ通りだろう。高齢者は認知能力や運動能力が低下するため、交通事故が増えるのは納得しやすい。しかし２０１８年版「高齢社会白書」によると、**高齢者の事故発生場所のうち一般道路はわずか6・9%に過ぎず、8割近くが自宅の中で起こっている**のだ。中でも45%が居室、18・7%が階段、17%が台所・食堂で生じている。

なぜ自宅の中で事故に遭うのか？　**原因別では「転倒・転落」や「溺死・溺水」が多い**。高齢者は認知機能や平衡感覚が衰えるため、物や段差につまずき転倒しやすい。すべての場合が死に至らずとも、骨折が原因で寝たきりになる可能性は大きい。

かといって動かなければ安心というわけではない。「不慮の事故」の原因トップは「溺死・溺水」だ。リラックスできるはずの浴室で転倒すると起こることが多い。また、急激な温度変化が心臓発作や心筋梗塞を引き起こす**「ヒートショック」**も見過ごせない。暖かい部屋から寒い廊下を通って浴室へ移動し、熱いお湯に浸かっただけで命が危ない。

同居する家族がいれば助けてもらえるが、ひとり暮らしの高齢者の場合はどうなるか——最もくつろげるはずの自宅こそ、危険に満ちている。

**2020年代に増加の一途をたどるひとり暮らしの高齢者には、家でも思わぬ危険だらけだ**

## 家庭内の不慮の事故原因トップ3

| 1位 | 2位 | 3位 |
|---|---|---|
| 溺死及び溺水 | 窒息 | 転倒・転落 |

### 浴槽での溺死者は10年間で1.7倍に!!

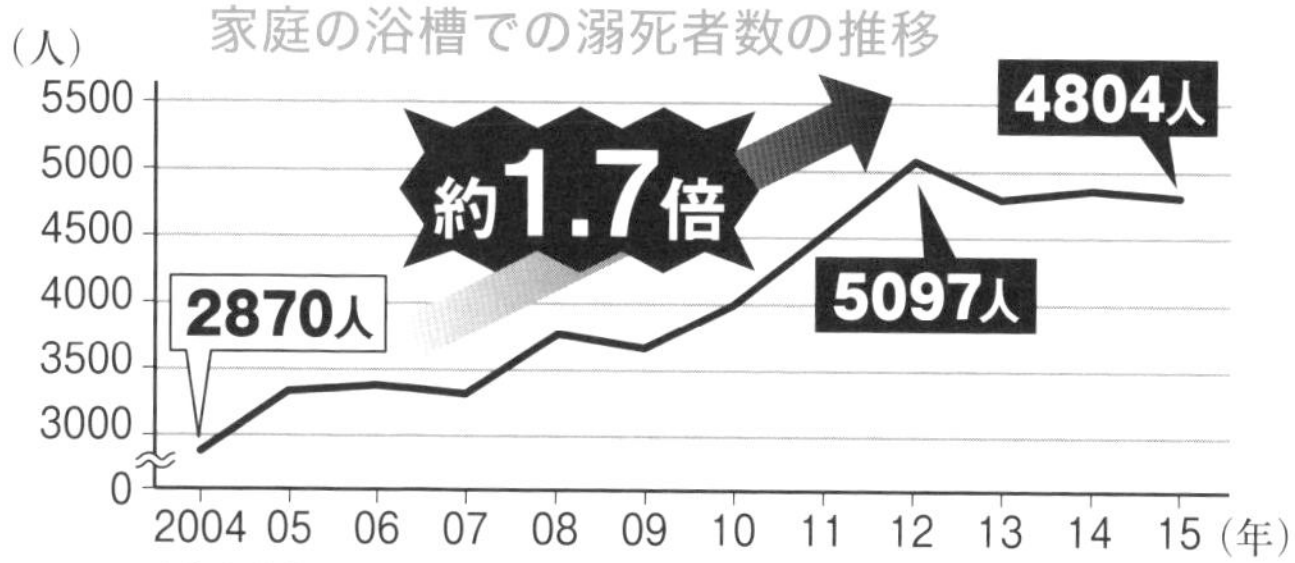
家庭の浴槽での溺死者数の推移
(人)
5500
5000
4500
4000
3500
3000
0
2004 05 06 07 08 09 10 11 12 13 14 15 (年)
2870人
約1.7倍
5097人
4804人

消費者庁「News Release」(2017年) より

### 溺死者の9割が高齢者!

### 高齢者の転倒事故も増え続けている!

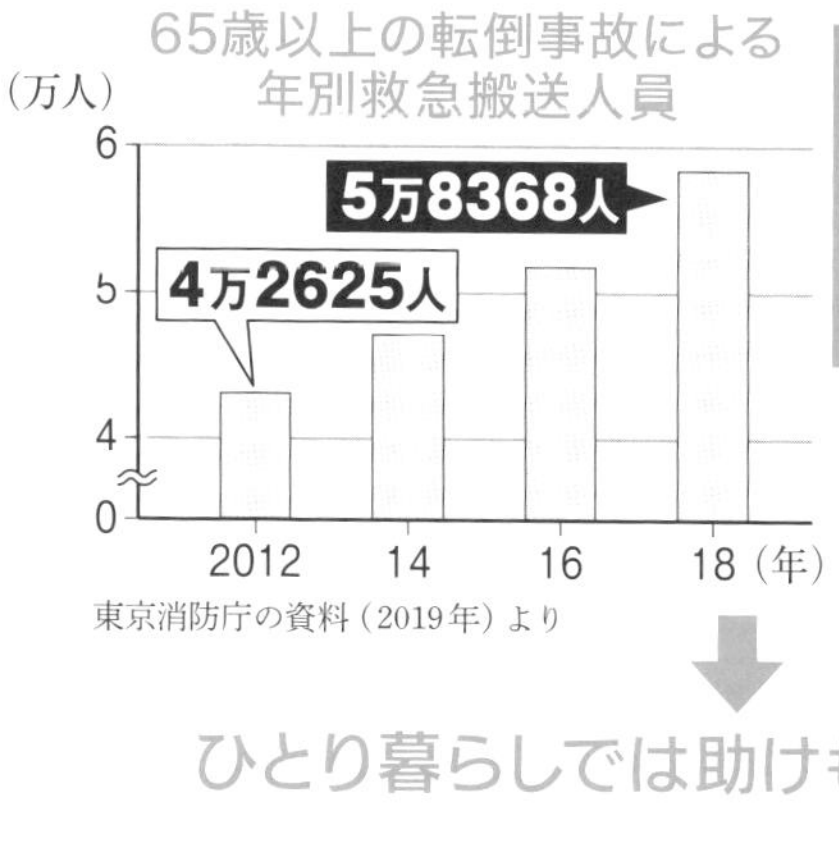
65歳以上の転倒事故による
年別救急搬送人員
(万人)
6
5
4
0
2012 14 16 18 (年)
4万2625人
5万8368人

東京消防庁の資料 (2019年) より

ひとり暮らしでは助けも呼べない……

地域ごとにひとり暮らしの高齢者を把握し、しっかりサポートする仕組みをつくりましょう!

## 2-2 都会でも、空き家や「所有者不明土地」に住み着いたスズメバチに襲われる

### 東京や大阪の繁華街にも「幽霊屋敷」が出現し、住環境が悪化する

2018年には出生数92万人に対し死亡者数は137万人を数え、2040年ごろには年約170万人が死亡すると見込まれている。

死亡者がこれだけ多いと、相続の機会も増える。遺産をめぐり親族が争う「争続」よりも、今後は相続人の所在不明や相続放棄が問題になるだろう。2017年、**所有者不明土地**は九州の面積を上回る410万haに上り、2040年までには東北6県よりも広い720万haに達する見込みと報告された。

中には、登記簿上の所有者の住所が、「満州国」になっている事例もあったという。このままでは、**2020年から40年までに相続される土地のうち3割ほどが未登記になる**と予想される。

たとえ登記を済ませている人でも、無関係ではない。未登記の土地のために、納めた税金が使われる可能性は非常に大きいからだ。所有者不明の土地が広がると、固定資産税の徴収コストや自治体が所有者を探す費用など、経済的損失は増えるだろう。その額は2017年から**2040年までの累積で約6兆円にもなる**という試算もある。

所有者不明の空き地が増えると、周辺住民の生活にも確実に悪影響を及ぼす。たとえば消防車が通れるように私道の幅を拡張しようとしても、所有者不明の土地と一部でも重なっていれば着工できない。

また空き家にスズメバチが巣を作ったり、粗大ゴミが不法投棄されるなど、地域の住環境は確実に悪化する。近い将来、近隣の「幽霊屋敷」や空き地があなたの生活を脅かすことになる。

## 誰の持ち物かわからない土地のせいで、この先20年で住環境がどんどん悪化するのね

### 所有者不明土地※が増大している！

※所有者が直ちに判明しない、また判明しても所有者に連絡がつかない土地

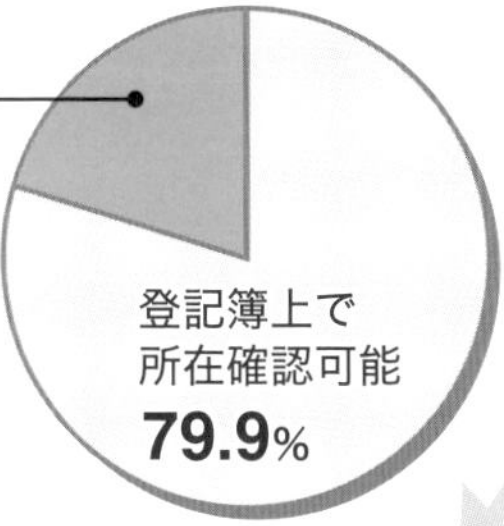

登記簿のみでは
所有者不明
20.1％
登記簿上で
所在確認可能
79.9％


国交省の地籍調査（2016年度）より

**持ち主の不明な土地がすでに2割!!**

やがて……

有識者による「所有者不明土地問題研究会」の報告書（2017年）より

**2016年**

**410万ha**

九州本土（約367万ha）を上回る面積から……

プラス **310万ha**

**2040年**

**720万ha**

**東北6県を上回る面積に！**

すると、こんな事態が！

狭い私道を公道化できず、消防車などが通れない

空き家にできたスズメバチの巣を駆除できない

様々なゴミが不法投棄されるなど、住環境が悪化

現在、国は「所有者不明土地」を処分しやすくする法改正を行おうとしています

## 2-3 80代が街に押し寄せ、電車、バス、窓口、売り場が大混乱

### やむにやまれず外出する高齢者によって、移動にも買い物にも時間が取られる

最近の高齢者はアクティブだ。**休日の場合、65〜74歳の60％以上、75歳以上も4割前後は外出する。**元気に楽しく出かける人もいるだろうが、生活のため「しかたなく」買い物に出ている高齢者が一定数いると推測される。過疎地域では、自ら日用品を買いに行かなければ生きていけないのだ。

いざ高齢者が外出するとなると、交通手段のあり方も変化せざるをえない。2017年の検査では、高齢ドライバーの35人に1人が「認知症の恐れあり」と判定され、交通死亡事故を起こしたドライバーのうち200人弱が認知症だった。現在75歳以上の免許保有者は約540万人いるが、彼らが自動車で外出し続ければ、今後事故は増えると予想される。

かといって、公共交通機関を利用しようにも大変な事態が襲う。駅のエレベーター前には階段を使えない高齢者の長い列ができるし、場合によっては駅員の介助も必要になってくる。若者と比べて**電車やバスの乗降に時間がかかるため、正確だったダイヤは乱れていく**かもしれない。

目的地の店舗に到着してからも一苦労だ。認知能力が衰えたために店員の説明を一度で理解できないどころか、何を買いに来たのか忘れてしまう人すら出てくるだろう。市役所や郵便局の窓口で財布やカードを探して長時間立ち往生してしまう高齢者の姿は、今以上によく目にすることになる。

このような事態に係員を増員して対応すれば、日本全体の労働生産性は低下する。高齢者が大挙することで、社会が円滑に回らない日が訪れるのだ。

## 頻繁に外出して移動するのは、実は若い世代よりも高齢者のほうが多いわ

### ひとり暮らしの高齢者は生きるために外出しなくてはならない

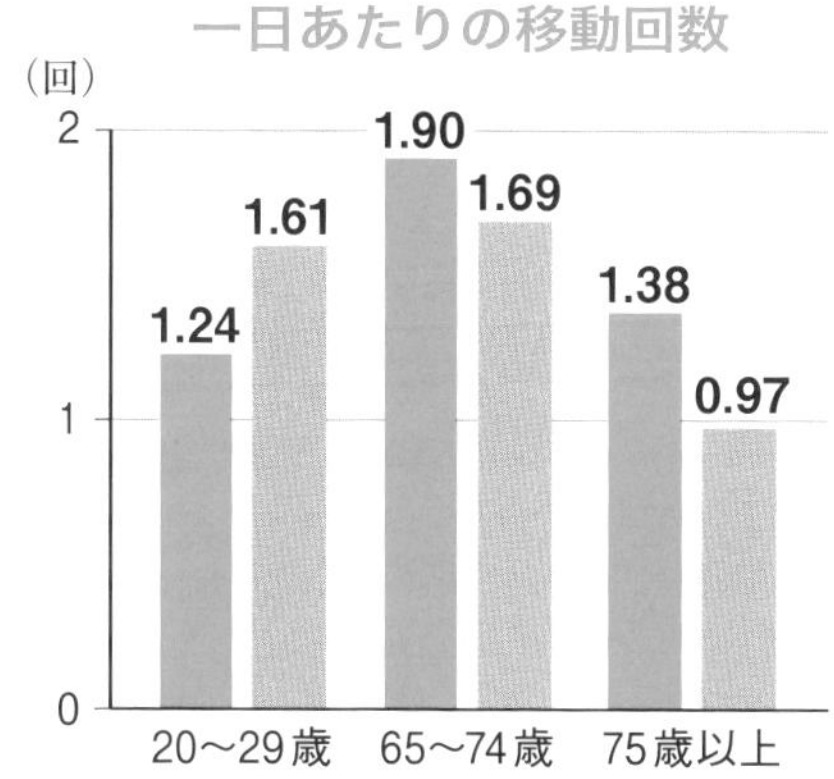
一日あたりの移動回数
(回)
2
1
0
1.24
1.61
1.90
1.69
1.38
0.97
20～29歳
65～74歳
75歳以上

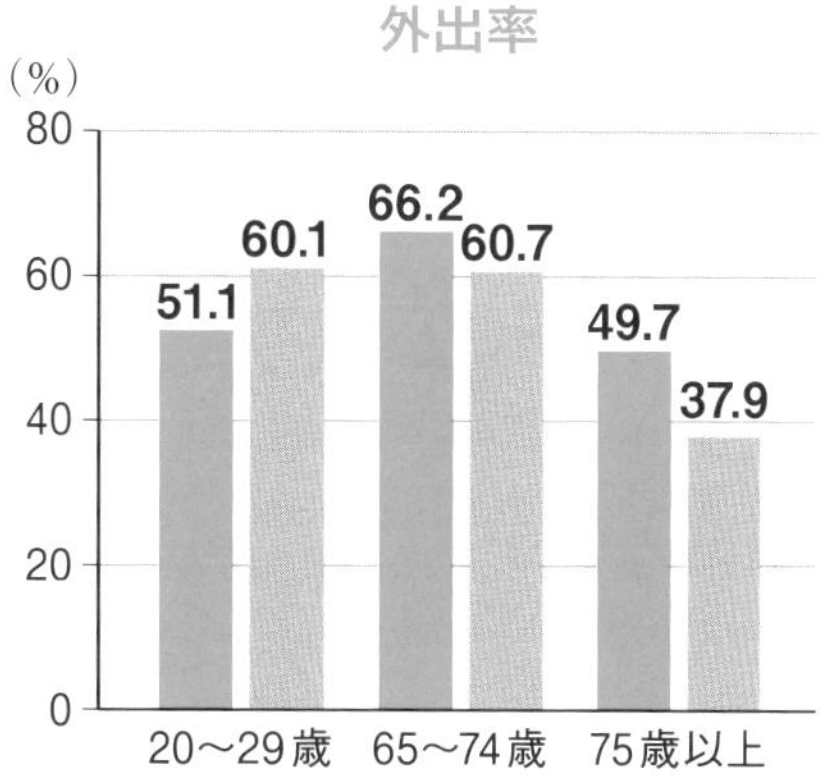
外出率
(%)
80
60
40
20
0
51.1
60.1
66.2
60.7
49.7
37.9
20～29歳
65～74歳
75歳以上

国交省「全国都市交通特性調査」（2015年）より　　男性　女性（ともに休日の場合）

「高齢化した」高齢者が外出すると……

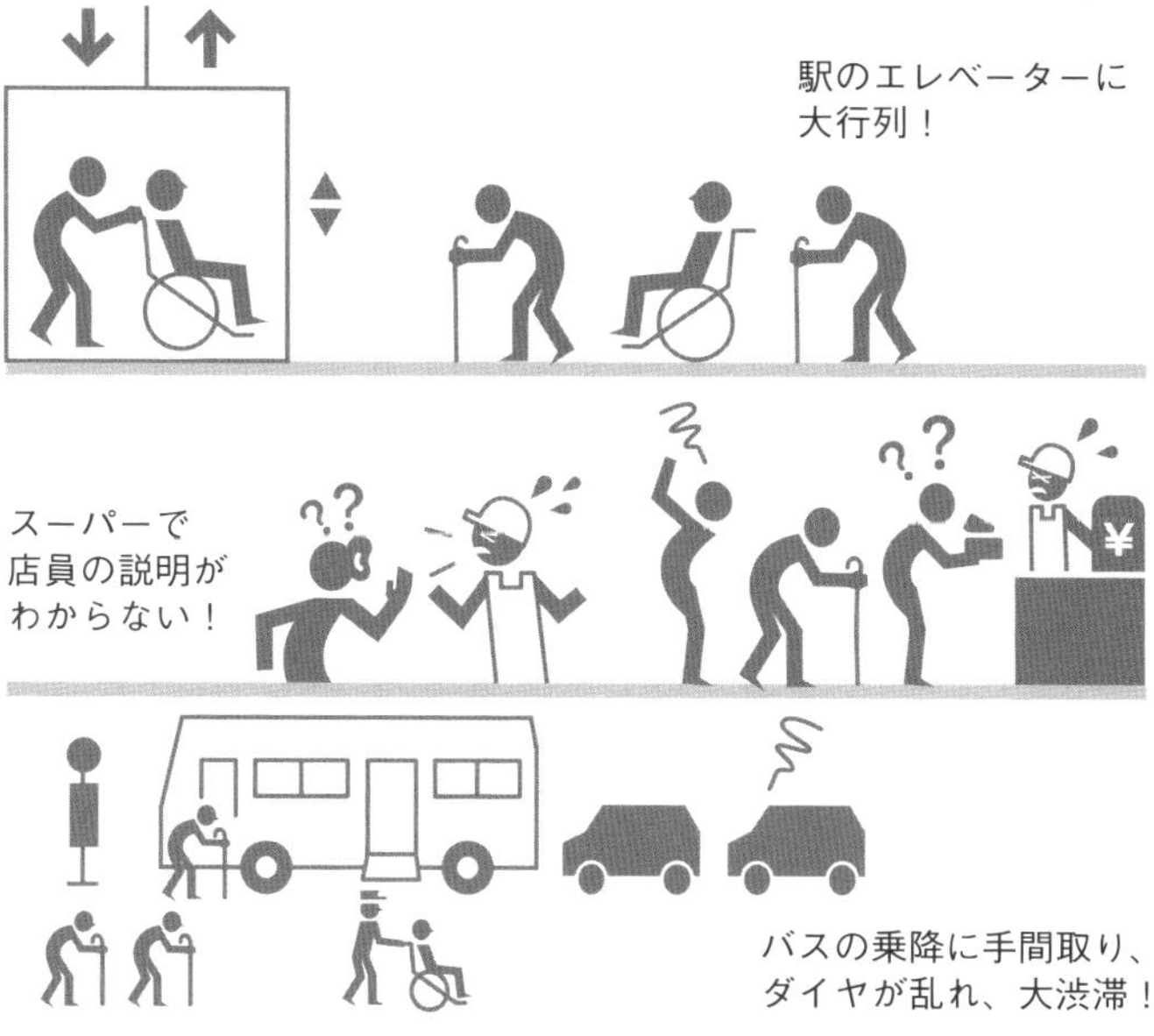
駅のエレベーターに
大行列！
スーパーで
店員の説明が
わからない！
?? 
¥
バスの乗降に手間取り、
ダイヤが乱れ、大渋滞！

より丁寧な商品説明など、高齢者への優しいサービスが今後は求められるでしょう

## 2-4

# 学校の統廃合で部活の数が減り、スポーツ大会が中止になる

### 一人っ子は習い事で外で遊ぶ時間も少なく、小学生で生活習慣病に

高校野球で鹿児島県の秋季大会に、部員が足りない7校が合同チームで参加したのは、２０１７年のことだ。**２０１９年には、全国の中学校の軟式野球部で６８４もの合同チームが結成**された。少子化が進めば、１校だけでの集団スポーツ自体が成立しなくなる。

子供の数が極端に減る地域では、学校の統廃合が進む。そのうち学校対抗のスポーツ大会という仕組み自体が見直されるに違いない。甲子園では、強豪校ばかりに強い生徒が集まり、都道府県代表が毎回、固定化する県もあるかもしれない。

被害者は子供たちである。廃部になる部活も増え、やりたいスポーツがないため、運動部に所属しない——そういったケースが確実に増えるだろう。

スポーツ庁の調査によれば、体育の授業以外まったく運動しない小中学生は増加している。一人っ子が増えたことで親が子供一人にかけるお金は増えたが、一方で平日の放課後は塾や習い事に忙しく、外で遊ぶ時間がないからだ。兄弟姉妹や近所の友達も減るため、スポーツや外遊びは魅力に欠けるのだろう。

周囲が大人ばかりになると、子供の生活リズムにも悪影響を及ぼす。２０１６年の10～14歳の平均就寝時刻は22時22分であり、夜型の生活が定着している。過度な夜更かしによって生活習慣が乱れ、栄養バランスが崩れた子も多い。

その結果、**小学生の10人に1人が生活習慣病の脂質異常を患っている**という。少子化とは、子供一人ひとりの健康まで脅かす事態なのである。

## 2020年からぐんと進む少子化の影響で、子供たちは満足に運動もできず、「不健康」な生活に

### 合同部活動実施校が年々増えている

合同チーム数の推移
（22の競技種目）

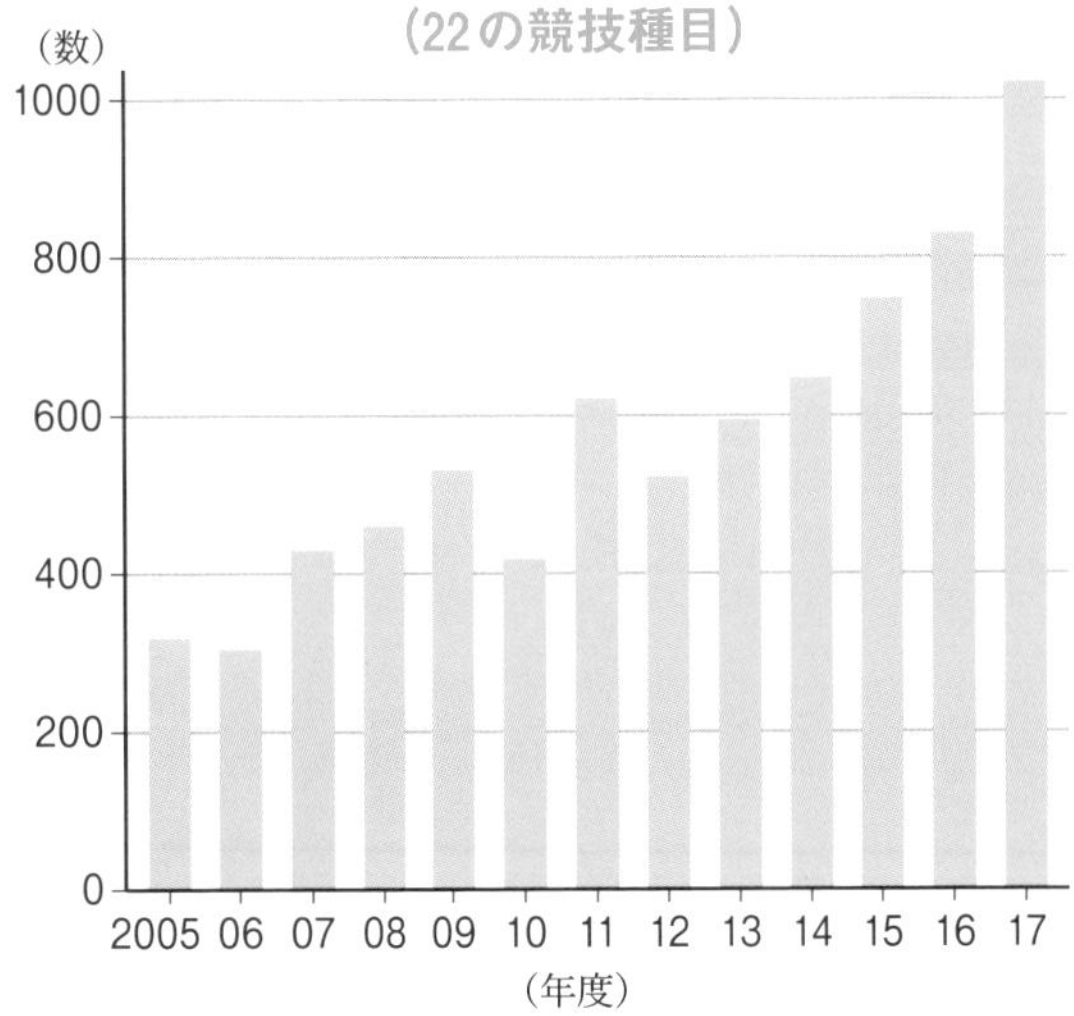

（数）
1000
800
600
400
200
0
2005 06 07 08 09 10 11 12 13 14 15 16 17
（年度）


日本中学校体育連盟「『合同部活動実施校数』の調査集計（速報値）」（2017年度）より

合同チームが
最も多いのは
軟式野球

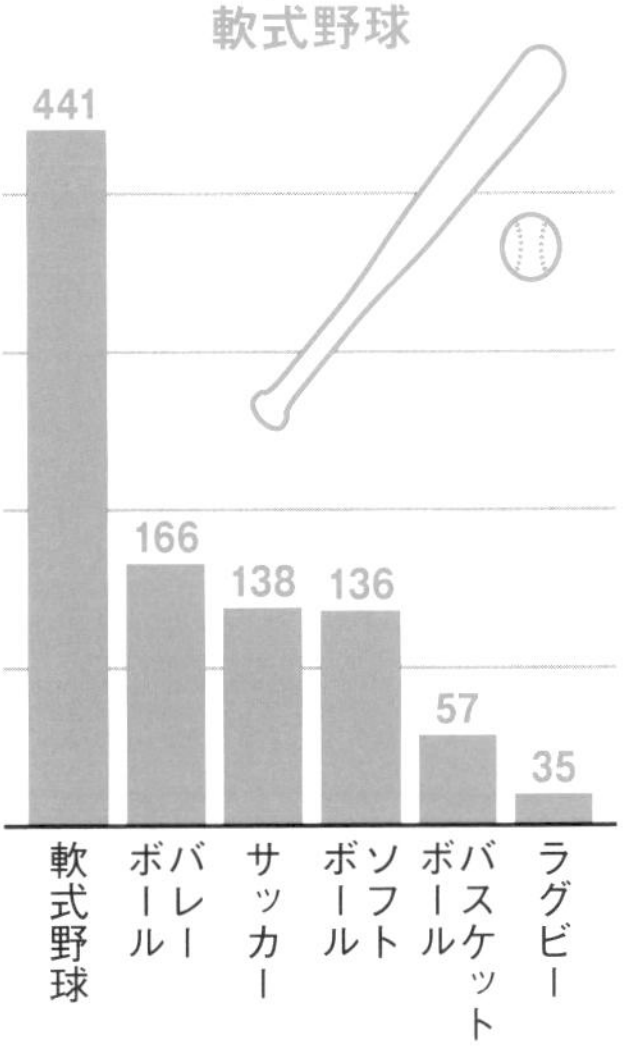

441
軟式野球
166
バレーボール
138
サッカー
136
ソフトボール
57
バスケットボール
35
ラグビー


鹿児島県の高校野球の大会では……

### 同じチームなのにユニフォームが7種類も!!

「学校対抗戦」の原則が崩れていく

学校以外でも子供たちが集団行動できる機会を提供していきましょう

## 2-5

# 老後の資金を貯められない団塊ジュニアの「ビンボー定年」が増大

### 50代の子供が80代の親に頼る「8050問題」がどんどん深刻化する

金融庁の「老後に2000万円不足」との試算が国民の反発を呼んだが、これからは「貧しい」高齢者が増え続ける。団塊ジュニア世代以降、「失われた20年」や就職氷河期の影響で、雇用が不安定な人が多いからだ。低収入のために結婚や出産をあきらめ、貧しい生活を送っているケースもある。

雇用が不安定な30～40代はどれほど多いのか？ 2016年には定職に就いていない35～44歳は52万人にも上った。また2002年から2015年にかけて同年代の非正規雇用者数は257万人から385万人へ増加し、雇用者全体に占める割合も24・6%から29・5%へと上昇している。専業主婦を除くために男性に限定しても、非正規雇用者は2015年に71万人を数え2002年の2倍以上に達した。

不安定な働き方のため、親の収入や資産で生活している40代以上も少なくない。**80代の両親は生活費を支出して貯蓄がなく、50代の子供世代は非正規雇用で将来性が乏しい**――このような**「8050問題」**が深刻化しつつある。この状況では、老後のために貯金する余裕など団塊ジュニア世代にはない。高齢者数がピークを迎える2042年には、貧しい彼らを養う生活保護が20兆円に及ぶという試算もある。

正規雇用者も安心できない。現在40代以上の人は、バブル期に大量に採用された先輩社員が上に控えており、これ以上の出世は難しい。実際、**40代になっても役職に就けないヒラ社員の割合は増えている**。今後は賃金上昇よりも、リストラや早期退職の可能性のほうが大きいかもしれない。

## 団塊ジュニア世代を支える税負担が増大し、「逃げ切り世代」も逃れられないわ！

### 昔と比べて、長く勤めていても賃金が上がりにくくなっている

## 勤続年数30年以上の一般労働者の賃金比較

勤続スタート時の平均所定内給与額を**100**とした場合、1976年は**233**まで賃金は上がっていた

厚労省「賃金構造基本統計調査」より

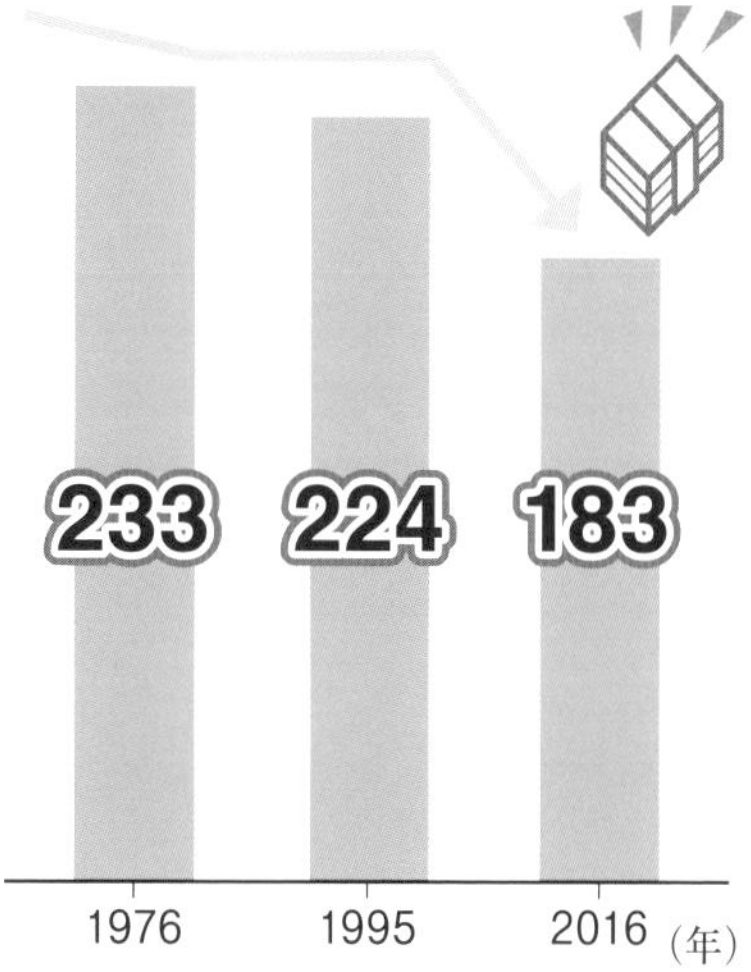
233
224
183
1976
1995
2016
(年)

つまり……

晩婚・晩産で50代まで子育てに追われると、老後資金を貯められず「ビンボー定年」となるリスクが……

## 団塊ジュニア世代には、正規・非正規にかかわらず「貧乏定年」を迎える人が多い！

定年後

# 2-6 日本企業の半数が後継者のいない「大廃業時代」がやってくる

## 2025年までに650万人の雇用が奪われ、約22兆円のGDPが損失する

日本企業の7割を占める中小企業にとって、これからは冬の時代だ。1992年と2017年の中小企業経営者の年齢構成を比較すると、60代は21・3%から28・1%、70歳以上は9・7%から22・4%へと増加した。合計すると、**中小企業経営者の半数以上が高齢者**だとわかる。

高齢化が進めば日本を支えてきた中小企業は壊滅する。年老いた経営者からは斬新なアイデアも出にくくなるが、それ以上に深刻なのは、圧倒的な「後継者不足」だ。2008年以降、中小企業の倒産件数は減少傾向にあるものの、休廃業や解散は増えている。2019年には2000年の3倍近くに及ぶ約4・3万社が廃業した。その経営者の多くは60歳以上と見られる。

しかし、後継者不足問題はまだ序章にすぎない。2025年には、70歳を超える中小企業経営者、個人事業者が約245万人に達するとされるが、そのうち約半数の127万社、**日本企業全体の約3割では後継者が決まっていない**という。2025年までの10年間で企業数は約83万社も減少し、650万人の雇用と約22兆円分のGDPが失われるだろう。少子化も著しいため、大きく改善されるとは考えにくく、「大廃業時代」は避けられない。

残念なことに、**2013〜15年に廃業した企業の半数以上が黒字経営**だった。優れた技術を持つ優良企業が廃業し、熟練従業員が海外流出すれば、日本の国際競争力にも悪影響を及ぼす。高齢の中小企業経営者は、会社の「終活」も考えなくてはならない。

**特許技術や優良技術が途絶えるから、日本の国際競争力も落ち込んでゆくんだね**

## 全国で中小企業の廃業が止まらない

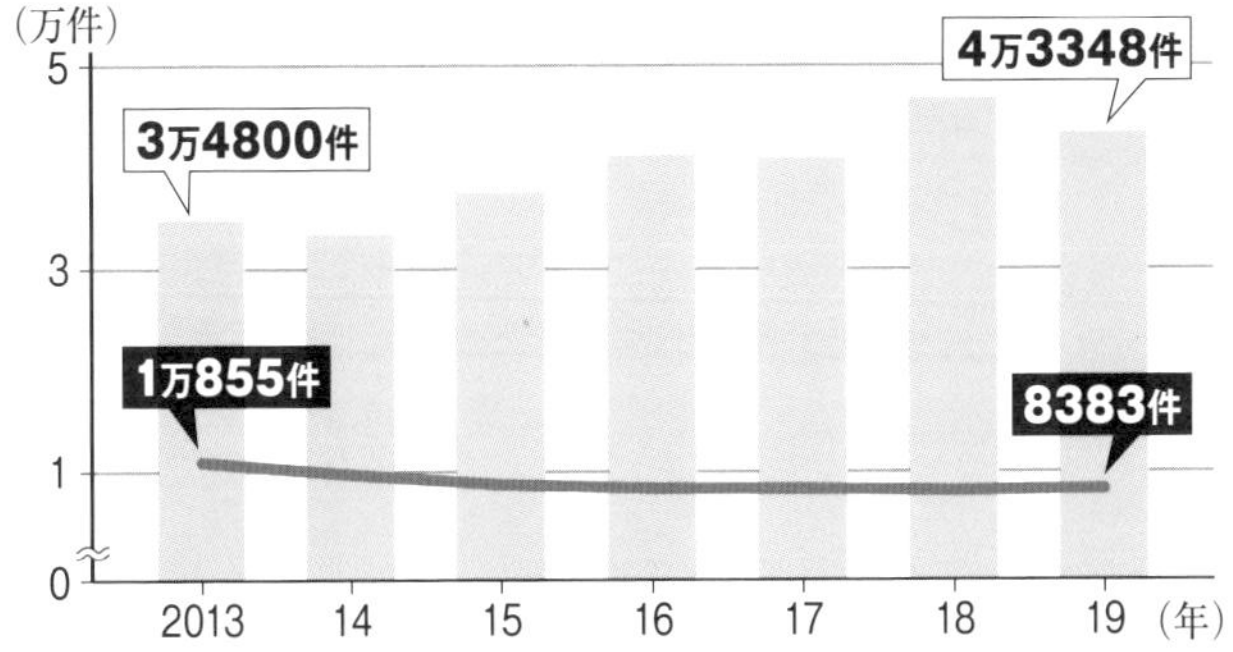
休廃業・解散件数
倒産件数


東京商工リサーチ
「『休廃業・解散企業』動向調査」
(2019年)より

**今後はさらに「大廃業時代」に突入!**

その理由は……

2025年までに70歳(中小企業経営者の平均引退年齢)を超える経営者は、約**245**万人も!

| 70歳未満 | 70歳以上 |
|---|---|
| 約136万人 | 約245万人 |

しかも……

245万人のうちの約半数
**127**万社(日本企業の3割)が
**後継者未定!!**

経産省の資料より

すると!

後継者不足に悩む中小企業をデータベース化し、企業再編につなげていく必要があります

## 後継者不足による「大廃業時代」の日本

技術が海外に流出して、国際競争力が落ち込む

# 2-7 「遺産マネー」が都会に流出し、地方銀行が潰れる

## 少子高齢化は「預金の一極集中」も引き起こしている

人口減少時代にはすべてが東京に一極集中する。地方からは人だけでなく金も流出するため、経済は大きな打撃を受けるだろう。地元経済を支えてきた地方銀行は、既に顧客が減って経営難に陥っている。

生きている顧客だけでなく死者の財産も重要だ。近年、**地方に住む親の「遺産マネー」を相続した都会在住の子供が、都市部の金融機関へ預金を移すケースが増えている。**このままでは地方銀行の預金残高が減り、地元企業への融資は難しくなるだろう。

都道府県格差は着実に開いている。2013年から2018年にかけて、東京都内の銀行の預金額は約36%、金額にして約68兆円も増加している。これは全国の預金増加分の6割弱を占めるのに対し、たとえば岩手県は5年間で4%しか増加していない。

**2040年頃までには、青森、岩手、群馬、愛媛などにある金融資産の25%以上が都市部へ流出する**と予測される。特に東京圏へ流入する資産は51兆円にも上るだろう。

都市銀行のブランド力の前に、地方銀行は歯が立たない。親の口座が大手都市銀行やゆうちょ銀行にある場合、相続した子供の6~7割は預金をそのままにしておく。反面、地方銀行の口座に預けておく相続人は42%にとどまる。**同じ地域内でも都市銀行へと資産が流出している**のだ。地域内で銀行の競争が減れば、ローンの利率が上がるなど生活への悪影響も避けられない。

人や金が東京に一極集中する時代、金融面からも地方は衰退するだろう。

## 地方の親の「遺産マネー」は、都会に住む子供が相続して地方銀行から引き上げるよ

### 遺産マネーは東京圏へ集中している！

**2014**年から**20〜25**年間に
**約51兆円が東京圏に流入する**

中部・北陸から……　9兆9000億円
北関東から…………　7兆7000億円
大阪圏から…………　7兆3000億円

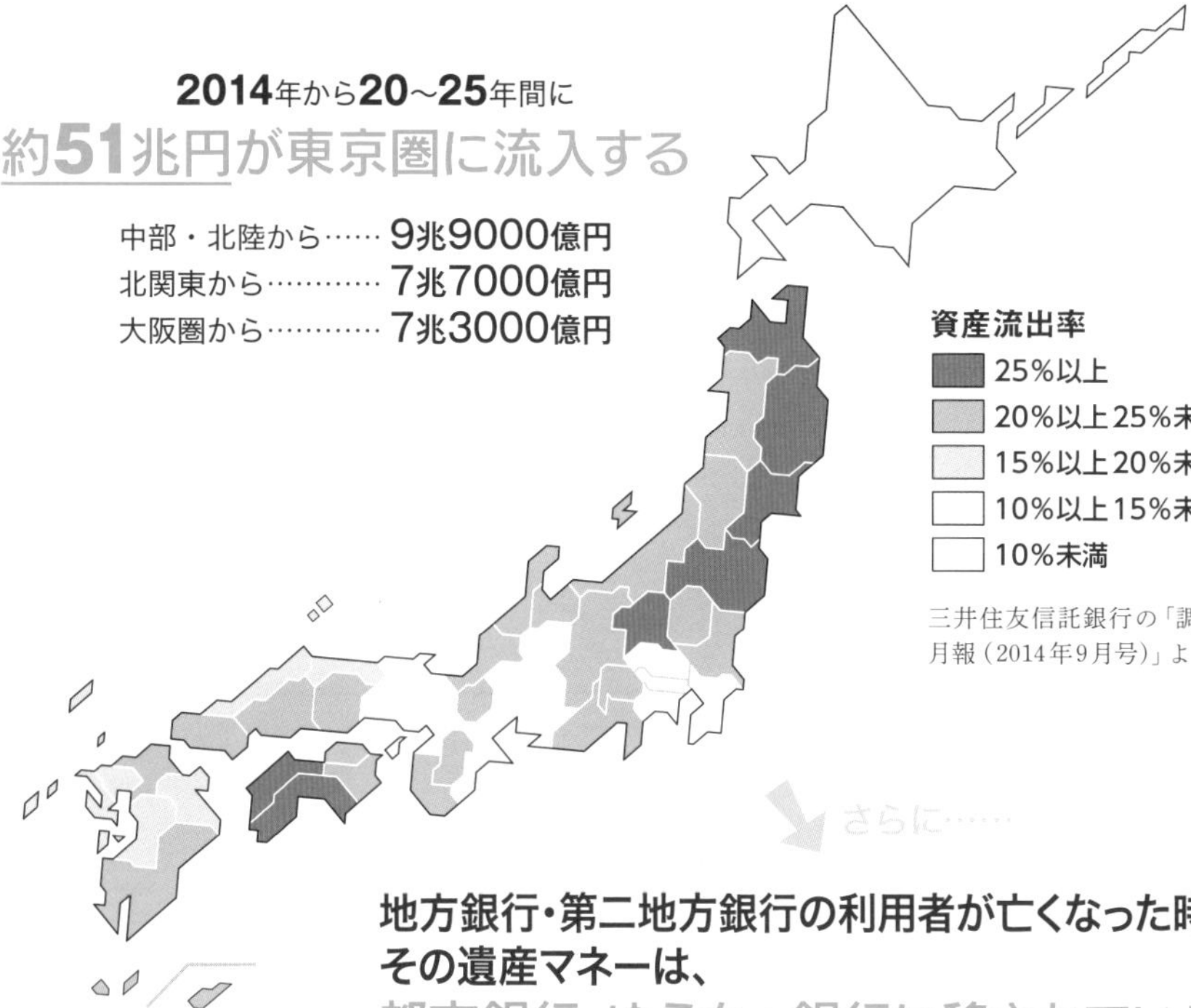

資産流出率
- 25%以上
- 20%以上25%未満
- 15%以上20%未満
- 10%以上15%未満
- 10%未満

三井住友信託銀行の「調査月報（2014年9月号）」より

さらに……

**地方銀行・第二地方銀行の利用者が亡くなった時、その遺産マネーは、**
**都市銀行・ゆうちょ銀行に移されている**

預金量が減少し、**地方銀行は生き残れない！**

金融庁も対策に乗り出しており、銀行以外の業種との連携も広がり始めています

# 2-8 バスや鉄道は廃止、パイロットも不足し、移動もままならなくなる

## 九州の面積に匹敵する公共交通空白地域は、ますます広がってゆく

ＪＲ西日本が、在来線の終電時間を繰り上げる検討を始めたニュースは記憶に新しい。保守点検をする作業員不足も理由の１つのようだが、公共交通機関のサービスは低下する一方だろう。運賃は値上がりし、利用者が減るという悪循環にも陥る。

１９９０年から２０１７年までに乗合バスの輸送人員は約33％、地域鉄道は約20％も減少した。２００８〜17年度の間にバス路線は１万３２４９㎞が完全廃止され、鉄道も２０００年度以降、全国41路線、約９００㎞が廃線になった。２０１１年時点で、**日本の可住地域の30％以上が公共交通空白地域**（バス５００ｍ圏外、鉄道１㎞圏外）だが、これはほぼ九州の面積に等しい。この地域に住む高齢者は移動すらままならなくなり、**「移動弱者」「買い物弱者」**になることが懸念される。

これは鉄道やバスが発達した東京圏も例外ではない。特に高齢化が急速に進行する郊外の路線では、運行本数は着実に減少している。２０３５年には東京23区を囲む自治体にも高齢化率が40％を超えるところが増えてくるが、都心への通勤者が減り廃止される路線も出るだろう。

そして、勤労世代が減り運転手の絶対数が不足する時代がいよいよ本格化する。航空機に関しては、バブル期に採用された**ベテランパイロットが２０３０年頃から大量に定年退職し始める「２０３０年問題」**が待ち受けている。パイロット不足は世界的な問題であり、外国人採用も当てにできない。このままでは、国内も海外も移動はひと苦労しそうだ。

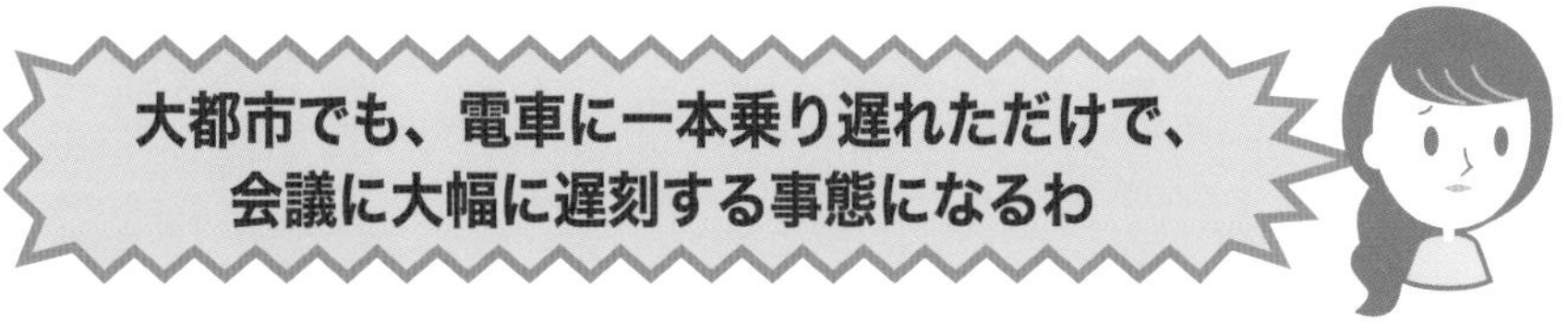
大都市でも、電車に一本乗り遅れただけで、
会議に大幅に遅刻する事態になるわ

## 2000年度以降に全国で廃止された鉄道路線は約900㎞に！

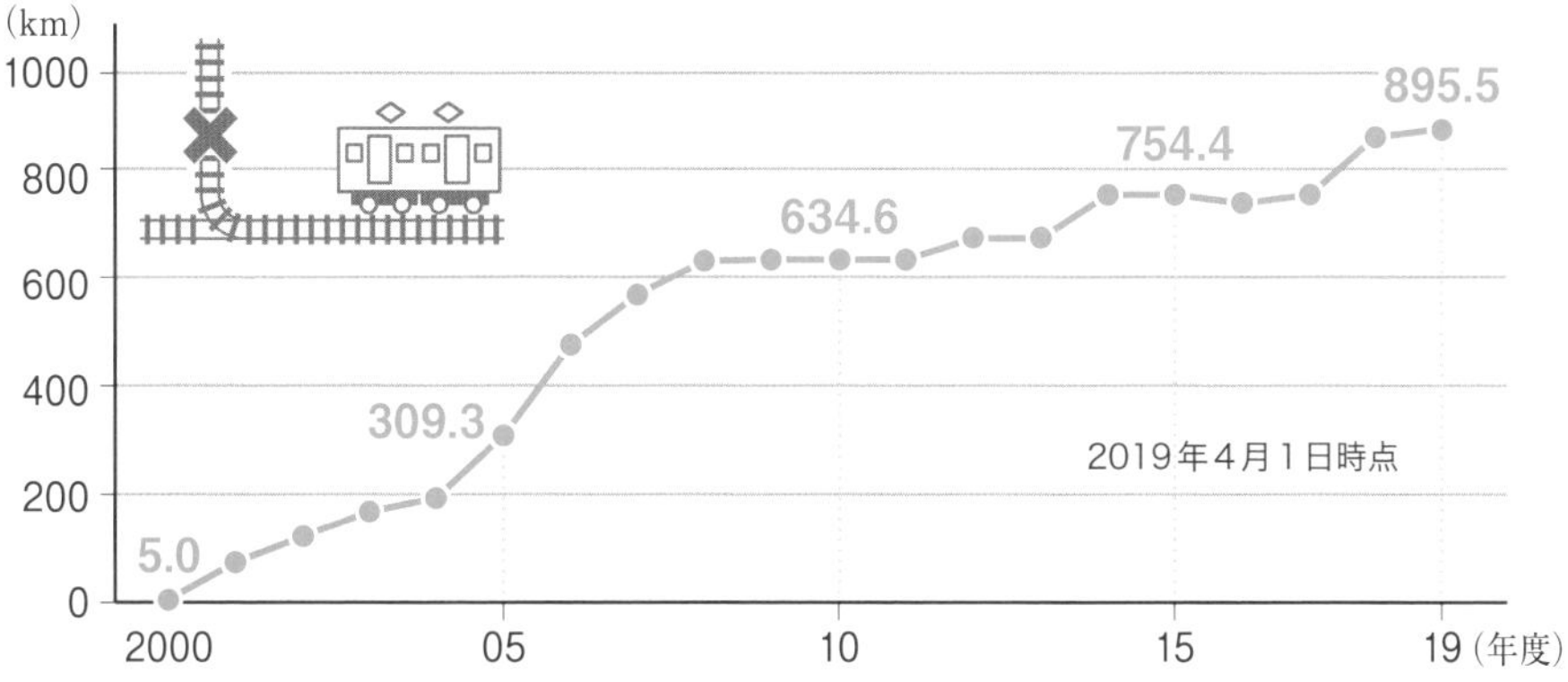
(km)
1000
800
600
400
200
0
2000
05
10
15
19（年度）
5.0
309.3
634.6
754.4
895.5
2019年4月1日時点

国交省の資料より

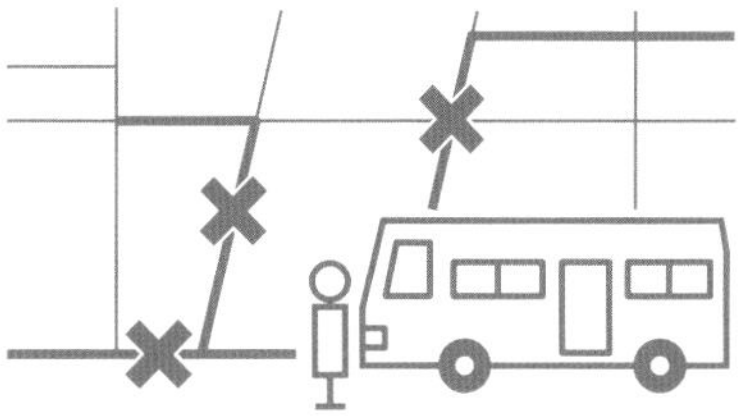

バス路線は、わずか**10**年で
**1**万**3000**㎞超も完全廃止

↓ 今後は

取引先に向かうバスが少なく、
約束の時間に間に合わない

終電が早まって
夜の接待も気が気でない

今や、都バスですらも、運行間隔が開き始めていますね

**東京や大阪も例外ではない!!**

# 2-9 先人たちが育てた森林資源が私たちに流木となって襲いかかる

## 放置されてきた人工林は収穫期を迎えるも、伐採する人がいない

近年、各地で大規模災害が相次いでいるが、2017年の九州北部豪雨では、流木が民家を直撃したり、木々が川をせき止め溢れた濁流が建物を飲み込んだりする様子が衝撃的だった。過去の豪雨災害の20倍近くの流木が住民を襲った河川もあった。

なぜ、これほどまで被害が拡大したのか？

そもそも戦後の日本では、建築資材として有用な人工林の植樹が国策として進められてきた。森林面積は日本の国土の3分の2を占めるが、そのうち41%が人工林である。

被害を受けた地域には、大量の水を含むと崩れやすい火山性の地層が多く、その上に人工林がつくられていた。人工林では定期的に間伐を行って、木々の生長をコントロールする必要がある。間伐が行われずに放置された人工林では、下草が育たず土壌が貧弱になり、土砂崩れが起きやすくなる。そこに激しい雨が降った結果、至る所で土砂が木々とともに崩れ落ち、大量の流木が集落を直撃したのだ。

要するに、**林業従事者の不足などにより山林が放置されたことで被害が拡大した**のである。

1980年に14万6000人を数えた林業従事者は、2015年には4万5000人にまで減少した。このままでは人工林を満足に手入れするなど不可能となる。一方で**十分に育った使い頃の人工林は、2017年時点で全体の65%を占めていたが、2020年度末には70%に達する。**

先人が将来世代を思って植えた人工林が収穫期を迎え、私たちに襲いかかる脅威となっているのだ。

# 林業従事者も、木材の需要も、少子高齢化の影響で減り続けるんだ……

## 林業従事者は年々減り続ける

総務省「国勢調査」より

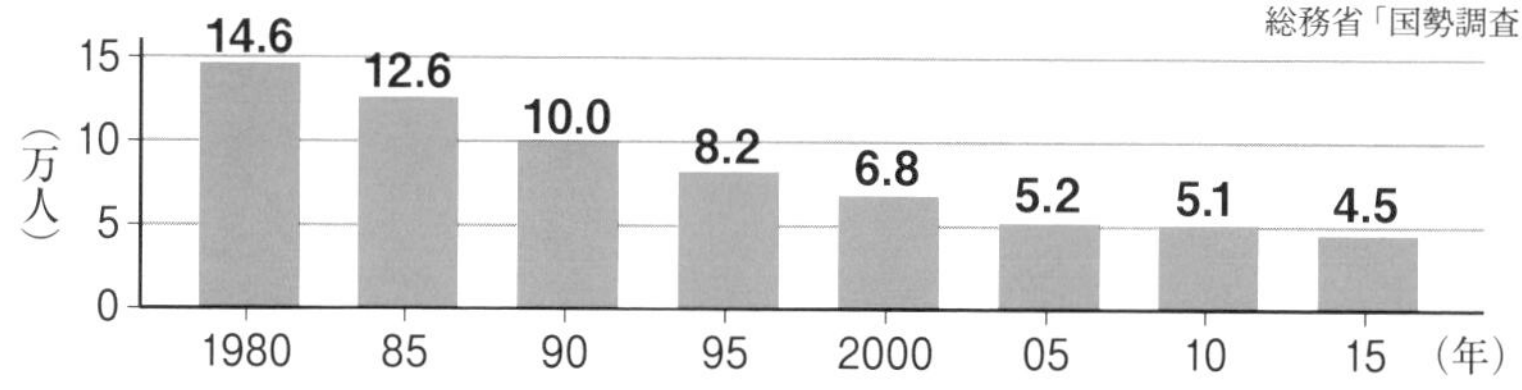

（万人）
15
10
5
0
14.6
12.6
10.0
8.2
6.8
5.2
5.1
4.5
1980
85
90
95
2000
05
10
15
（年）


## 木材の需要も減少する

農水省の資料より

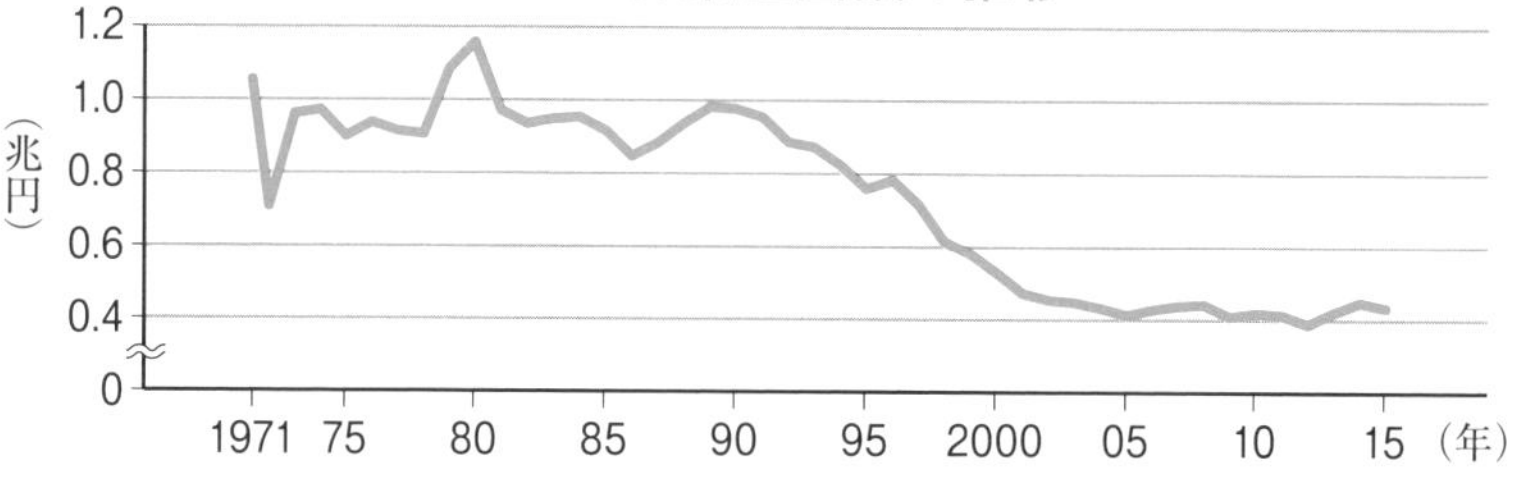

林業産出額の推移
（兆円）
1.2
1.0
0.8
0.6
0.4
0
1971
75
80
85
90
95
2000
05
10
15
（年）


## 木々を伐採する人手が足りず、間伐されなくなった森林は……

浸水想定区域内には3500万人もの国民が住んでいます。自らの命を守る行動を

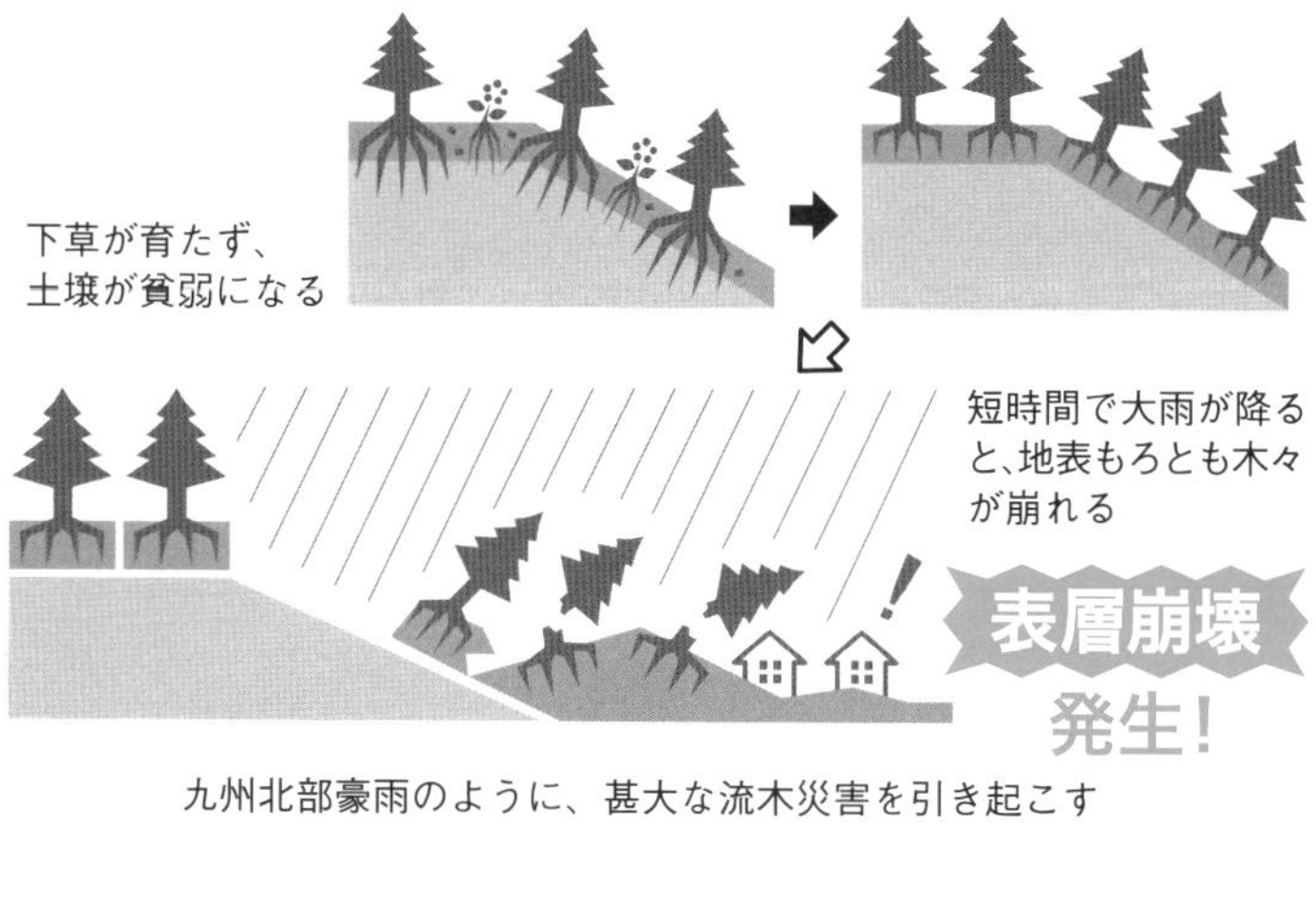

下草が育たず、土壌が貧弱になる
短時間で大雨が降ると、地表もろとも木々が崩れる
表層崩壊発生！


九州北部豪雨のように、甚大な流木災害を引き起こす

# 2-10 貧困高齢者が万引きを繰り返し、刑務所が無料介護施設と化す

## 生活保護を受ける高齢者の9割がひとり暮らしで、そのうち女性は53%

高齢者が犯罪に手を染めるなど無縁と思ったら大間違いだ。2017年に刑法犯として検挙された高齢者は4万6000人に及び、1998年の約3・4倍だ。中でも窃盗が72%に上り、全年齢層と比較しても高い。女性高齢者に限定すると、9割以上が窃盗、特に万引きは79・2%と突出している。

刑務所に入った高齢者も1998年の約3・3倍にあたる2278人で、女性は約8・5倍にまで増加した。高齢受刑者の5人に1人が2年以内に再入所し、2017年に入所した高齢者女性373人のうち、1割以上が6度以上入所の「常連」だ。

刑法犯検挙数自体は減少しているにもかかわらず、なぜ女性高齢者は犯罪を繰り返すのか？

背景には**社会復帰の難しさ**がある。高齢の女性はひとり暮らしが多く、仮釈放となっても身元引受人や帰る家がない人が多い。また男性に比べて経済的基盤が弱く就労も難しい。貯えが尽き、頼れる知り合いもいないと、路上生活より衣食住が保証された刑務所のほうがマシに思えるのだろうか。

高齢の受刑者が増加すると、認知症患者や車いすの人も出てくる。刑務官が受刑者の入浴を介助しオムツを換えるのはよく見られる光景で、**すでに刑務所は「無料の介護施設」に等しい**。加えて60歳以上の受刑者のうち13・8%は認知症傾向があり刑務作業に従事できず、服役しているとは言い難い。そのため**女性刑務官の離職率は約4割にも上り、近い将来、十分な人員を確保できなくなる**だろう。

高齢化は、刑事司法制度にも影響しているのだ。

**女性高齢者が犯罪を繰り返すのは、頼れる人が少なく社会復帰が難しいからでもあるのね**

## 高齢の女性受刑者が増えている

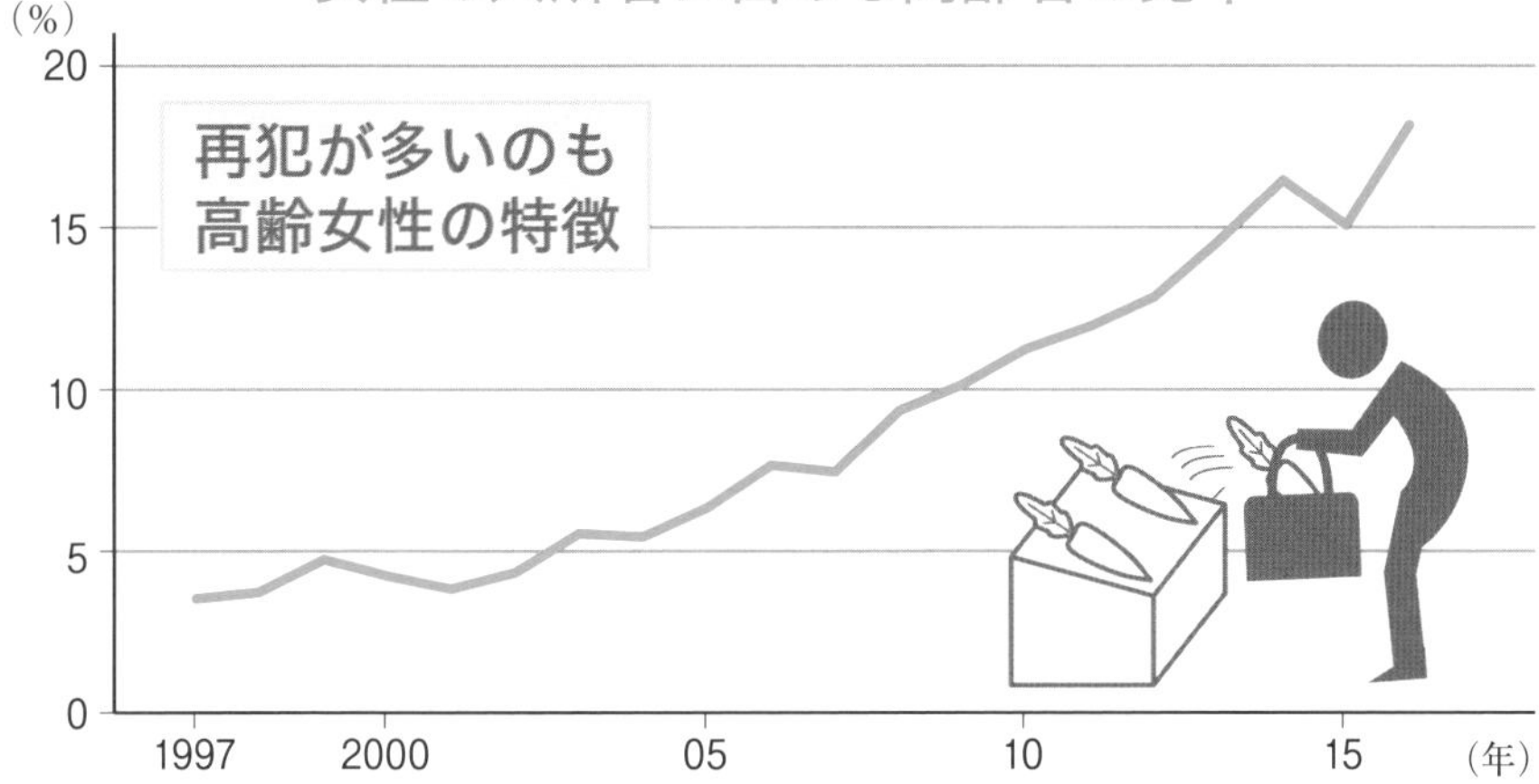
女性の入所者に占める高齢者の比率
(%)
20
15
10
5
0
再犯が多いのも
高齢女性の特徴
1997
2000
05
10
15
(年)

法務省「犯罪白書」(2017年)より

高齢受刑者が増えると……

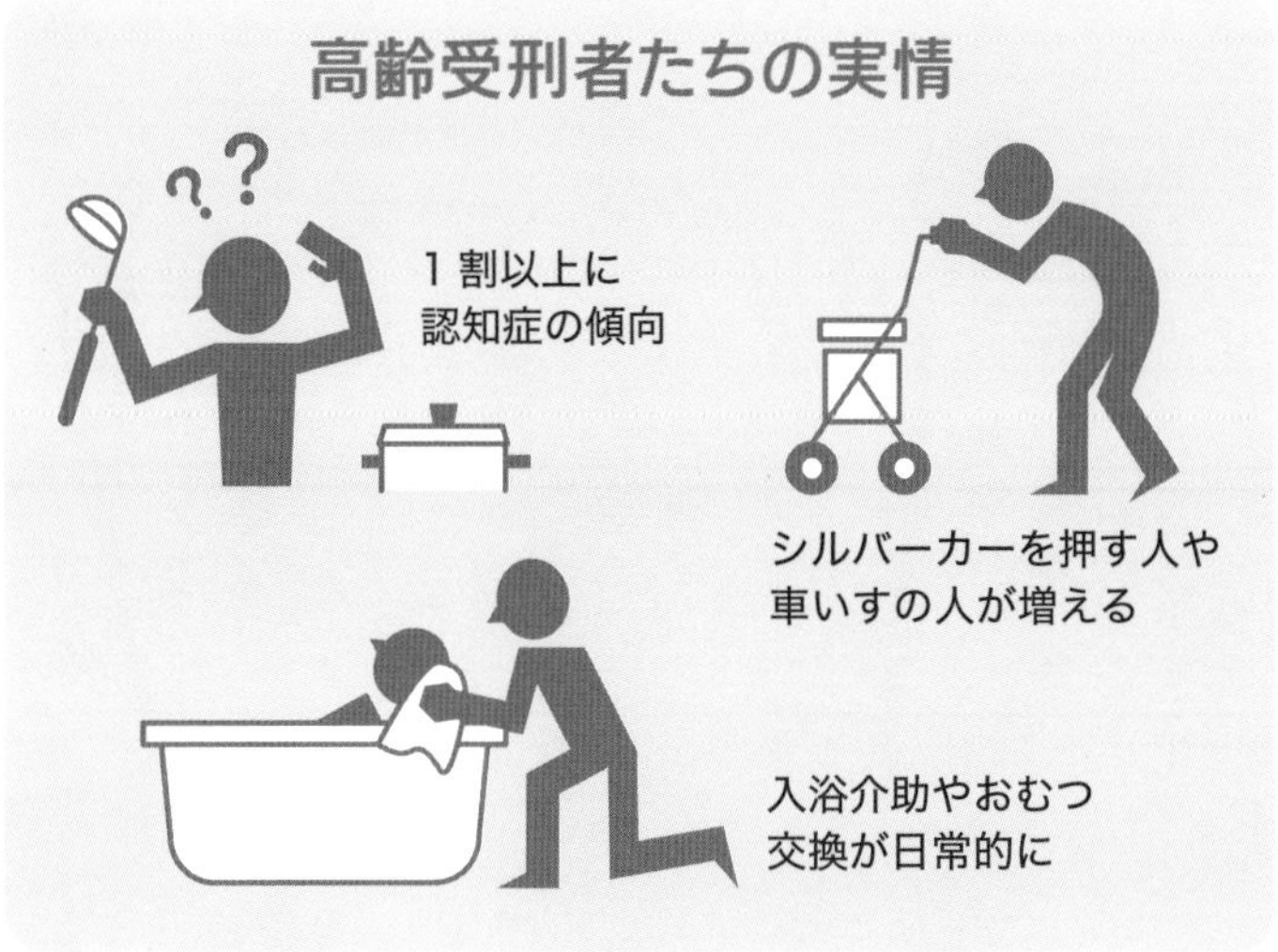
高齢受刑者たちの実情
1割以上に
認知症の傾向
シルバーカーを押す人や
車いすの人が増える
入浴介助やおむつ
交換が日常的に

受刑者への対応が難しいため、女性刑務官の４割が３年未満で離職しています

## 『未来の年表2』に描かれた

# 「8つのメニュー」

### 〜今からあなたにできることとは？

個人ができること
働けるうちは働く
老後の収入の安定のためにも健康管理の面からも
家の中をコンパクト化する
使う部屋を限定し、ひとり暮らしの不便さを減らす
一人で2つ以上の仕事をこなす
副業・兼業は多様な知識やスキルを獲得する手段
女性ができること
年金受給開始年齢を繰り下げ、起業する
年金をもらい始める70歳までは、働いて収入確保
ライフプランを描く
長生きする時代こそ、今から将来の生き方を考える
企業ができること
地域ができること
商店街は時おり開く
人件費を減らせるし、一斉の営業日とすれば賑わいも創出できる
テレワークを拡大する
介護離職を減らせるし、通勤で働き手を拘束するのは社会的損失
全国転勤をなくす
予期せぬ転勤命令は、子育ての大きなハードルに

人口減少日本で**各地に**起きること

# 第３部

# 「未来の地図帳」２０２０

日本全体の人口減少スピードを考えれば、市区町村による〝住民の綱引き〟に勝者はいない。２０２０年代の日本ではますます地方から人がいなくなり、大都市は高齢者であふれかえる。日本の形がすっかり変わるのだ。

# 序　47都道府県は、維持できない

シリーズ3作目となる『未来の地図帳』（２０１９年６月刊）で、私は、日本全国、各地で何が起きるのかを、人口データに基づいて詳細に分析した。

総務省の「住民基本台帳人口移動報告（２０１９年結果）」によれば、東京圏は転入数が転出数より14万５５７６人多く、24年連続での転入超過となった（東京都への転出数が多い道府県は左ページ上図参照）。

東京圏へと転出が続く道府県には極端に人口が減ってしまうところも登場する。社人研によれば、２０４５年になると、秋田県は２０１５年比で41・2％も減少する。実数で見るとさらに衝撃的だ。鳥取県は44万８５２９人、次いで少ない高知県は49万８４６０人まで減り、島根、徳島、山梨の3県も60万人を割り込む。２０４５年に１３６０万人を超える東京都や８３１万人の神奈川県と横並びに扱うには、どう考えても無理がある。早晩、**「47都道府県」の枠組みは維持できなくなる**だろう。

一方、大都市部も今のまま推移するわけではない。２０２５年には東京23区でも高齢化が目立つようになり、**練馬・足立・杉並・北区の約４人に１人が高齢者となる。**子供世帯が地方に残してきた老親を呼び寄せれば、高齢化は想定以上に進む。実際、２０１５年から２０４５年までのわずか30年で、**千代田・中央・港区は高齢者数が2倍近くにまで急増する**のだ（左ページ下図参照）。

２０４５年になると、過疎化と高齢化で農村の風景も大きく変わる。農林水産政策研究所の「農村地域人口と農業集落の将来予測」によれば、実に**1万近くの集落が人口9人以下、高齢化率50％以上の〝存続危惧集落〟となってしまう。**自治体単位での〝地方消滅〟の危機に、集落が先行する形だ。

「国土の均衡ある発展」は理想であったが、その完成を見ることなく人口減少時代に突入した。見果てぬ夢を追いかけ拡大路線を続けたならば、その先には国家の破綻が待ち受けていることだろう。

## 東京老化マップ

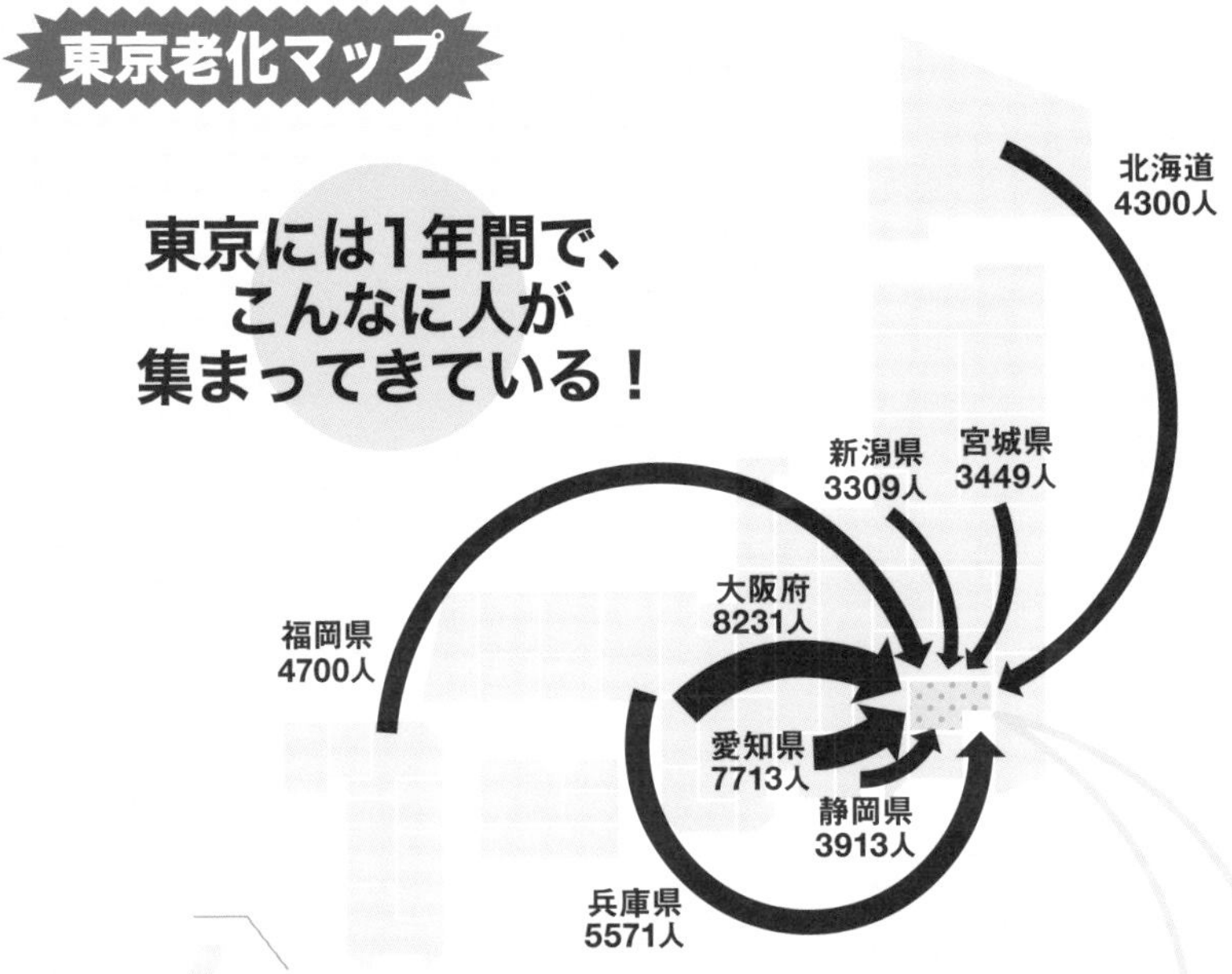
東京には1年間で、
こんなに人が
集まってきている！
北海道
4300人
新潟県
3309人
宮城県
3449人
大阪府
8231人
福岡県
4700人
愛知県
7713人
静岡県
3913人
兵庫県
5571人

東京へ人をたくさん送り出している道府県（2019年）　総務省「住民基本台帳人口移動報告」より

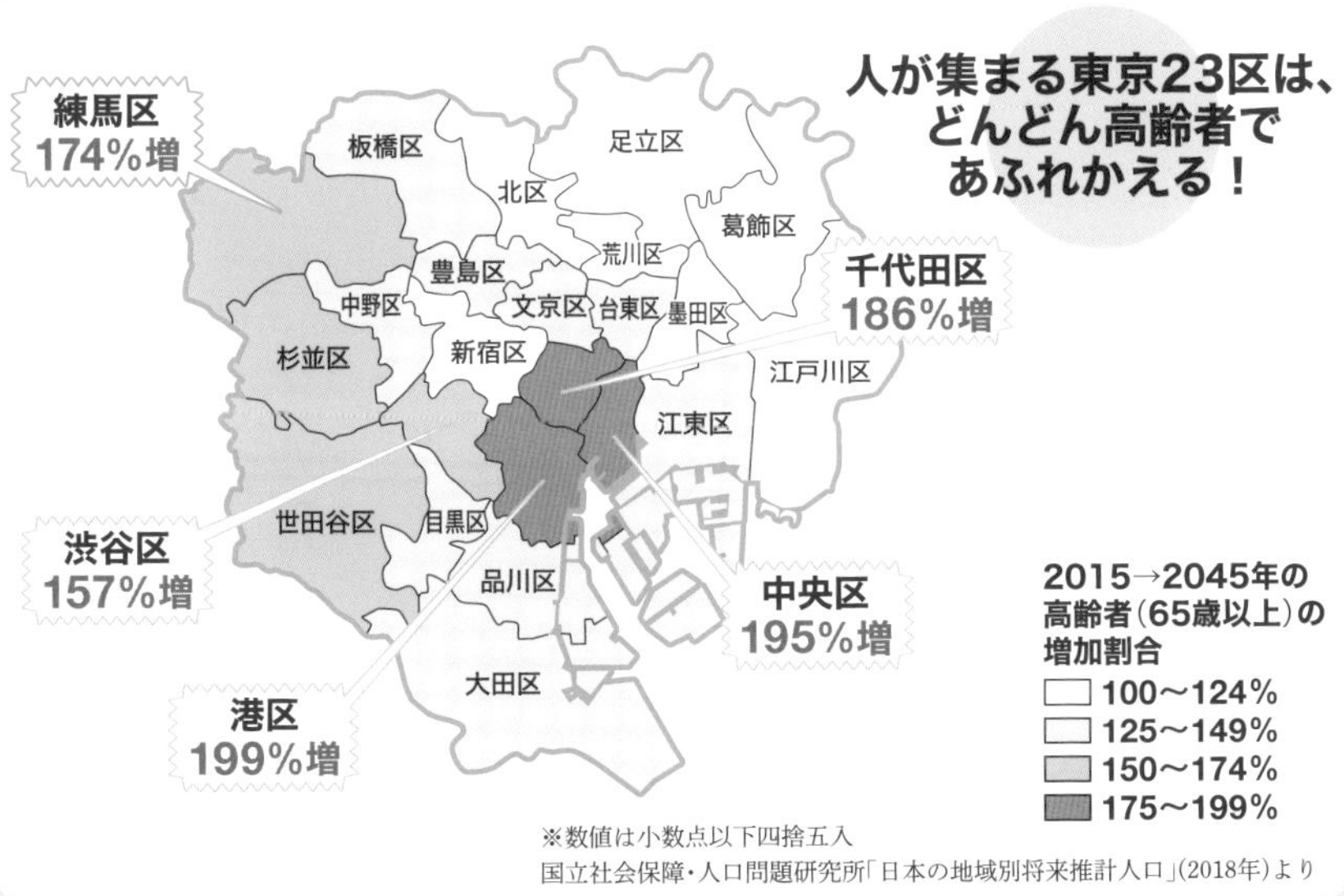
人が集まる東京23区は、
どんどん高齢者で
あふれかえる！
練馬区
174%増
板橋区
足立区
北区
葛飾区
荒川区
豊島区
千代田区
186%増
中野区
文京区
台東区
墨田区
杉並区
新宿区
江戸川区
江東区
世田谷区
目黒区
渋谷区
157%増
品川区
中央区
195%増
大田区
港区
199%増
2015→2045年の
高齢者（65歳以上）の
増加割合
100〜124%
125〜149%
150〜174%
175〜199%

※数値は小数点以下四捨五入
国立社会保障・人口問題研究所「日本の地域別将来推計人口」（2018年）より

# 東京

# 東京都は、高齢者を引き寄せ「二層構造の一極集中化」が起きる

## 2020年、多摩地区が人口減少に転じる一方、千代田・港・中央区は人口増

東京圏には、全国各地から人が押し寄せ、2019年には約15万人の転入超過だった。**若い世代が最も多く流入するが、75歳以上も転入超過となっており、先に移住した若者が年老いた親を呼び寄せている構図だ。**多摩地区から23区へも移動している。タワーマンションの建設や、ひとり暮らし世帯の増加で、都心へと移住する人が増えているのだ。

今後は都内で**「二層構造の一極集中化」**が見られる。**人口減少・高齢化が顕著になる地域と、若年層が増え続ける地域とに二分されるのだ。**社人研によれば**2020年には多摩地区が人口減少**に転じ、檜《ひ》原《はら》村と奥多摩町では10%以上も人口が減る。23区でも、足立・葛飾・江戸川区が人口減少に転じる一方で、千代田・港・中央区は10%以上増加する。

都心集中の流れはその後も加速する。2025年には練馬・足立区で高齢化率が25%を超える。医療・介護費の増加で、賃貸住宅を出ざるを得ない「住宅難民」が出始める。2035年には23区全体で人口減少が始まり、足立区は2015年からの20年間で8・5%も減る。福《ふっ》生《さ》・青梅市の高齢化率は38%超。これは2065年の日本全体と同じだ。つまり、**45年後の日本を、30年早く見られる**のである。

**「東京のモザイク化」**が顕著になるのが2045年だ。千代田・港・中央区では2015年比で30%以上の人口増加だが、八王子市では30年で9万3000人も減る。足立・豊島区では出産期女性（25～39歳）が20%前後も減るとされている。東京都内でも人口減少の進み具合がはっきり分かれることになる。

## 2045年、東京の人口は都心に偏る「二層構造」となり、都心３区は1.3倍増なのね！

### 2045年の東京都の人口減少率（対2015年比）

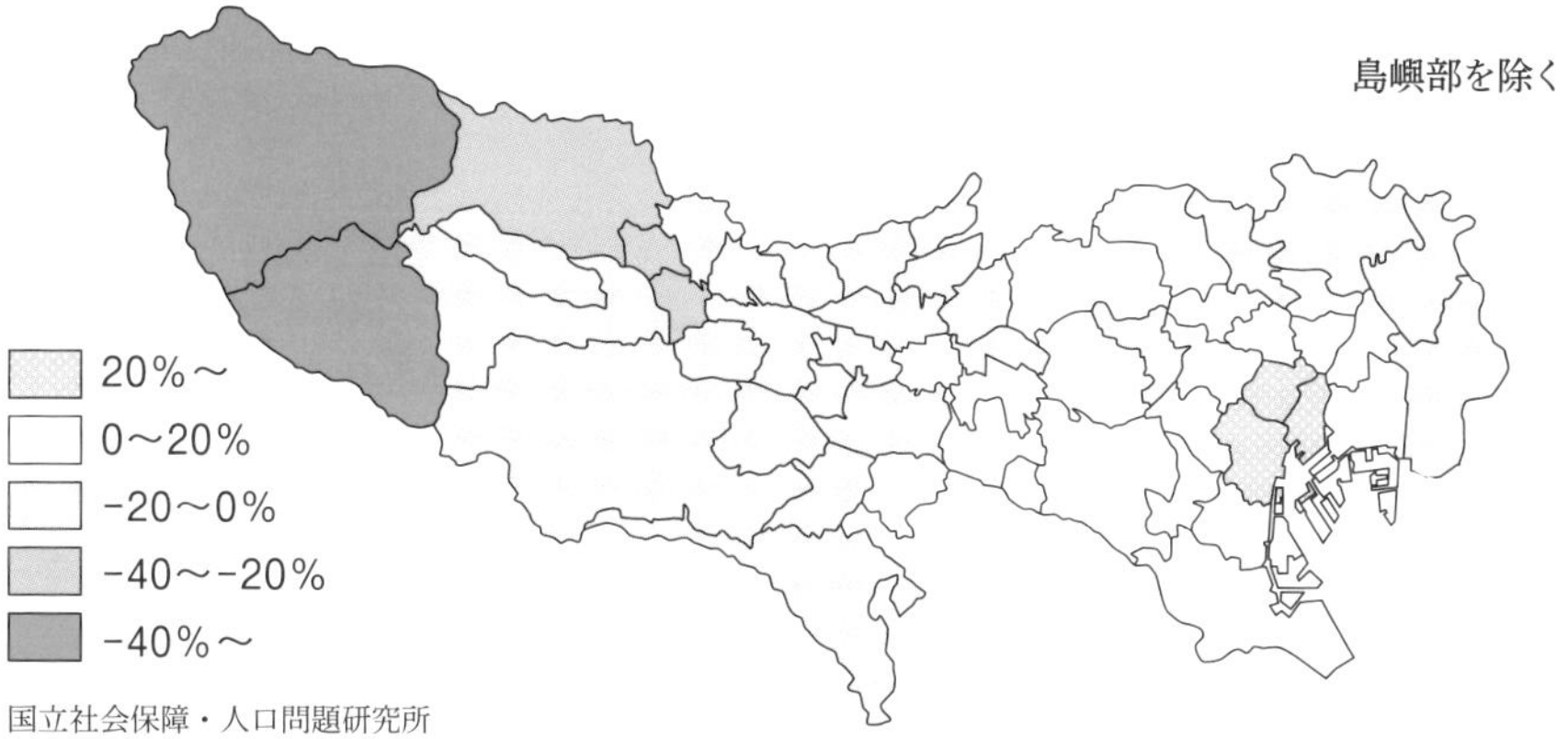

島嶼部を除く
20％～
0～20％
-20～0％
-40～-20％
-40％～


国立社会保障・人口問題研究所
「日本の地域別将来推計人口」（2018年）より

### 2050年、少子高齢化地域は東京圏の居住地域の48.6%に！

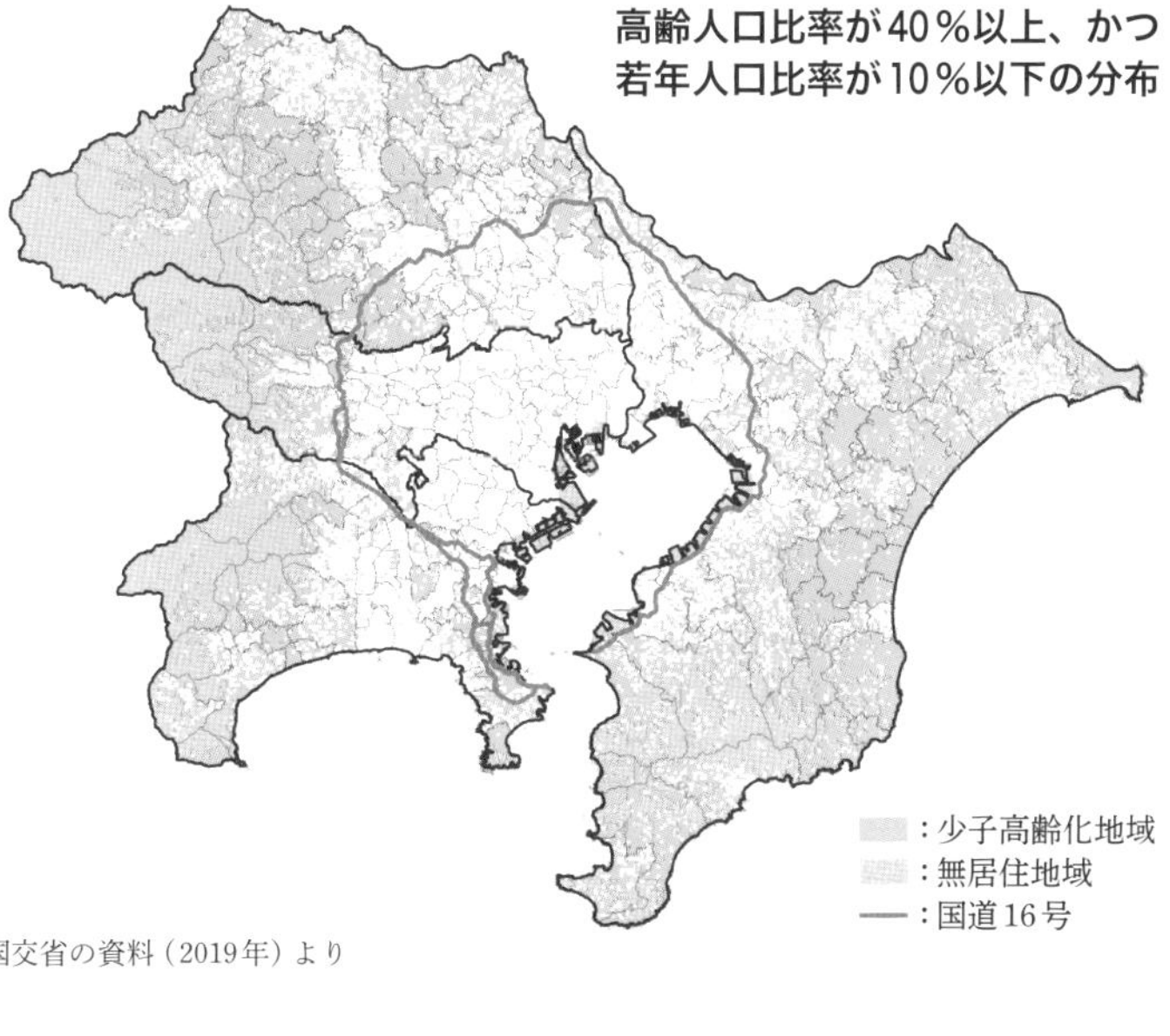

高齢人口比率が40％以上、かつ
若年人口比率が10％以下の分布
：少子高齢化地域
：無居住地域
：国道16号


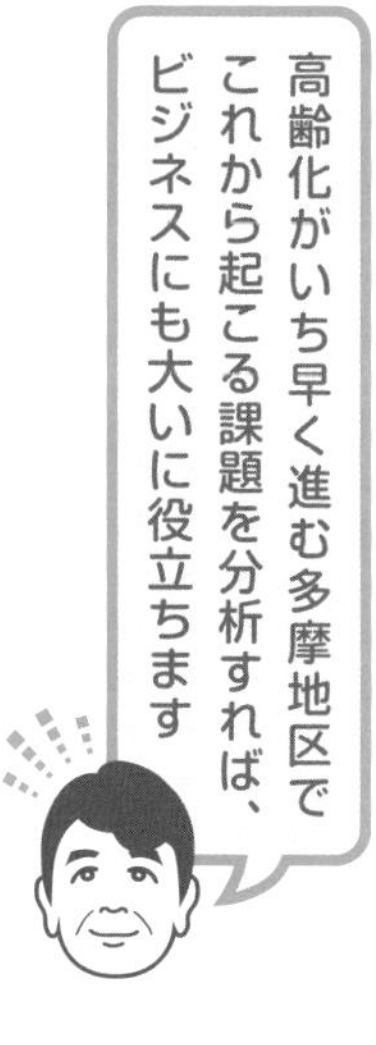

高齢化がいち早く進む多摩地区で
これから起こる課題を分析すれば、
ビジネスにも大いに役立ちます


国交省の資料（2019年）より

# 関東

## 若者は川崎へ、子育て世代は千葉へ。高齢者は介護施設を都外に求める

### 神奈川県では「新陳代謝」の良い川崎市と、「草刈り場」と化す横浜市で明暗くっきり

東京圏の高齢者の激増により、横浜・さいたま・千葉などの**東京近郊の都市では、介護需要が激増する**。２０２５年の埼玉県・千葉県・神奈川県では介護需要が10年で50％前後増加する一方、介護人材は14万人不足する見込みであり、**「郊外ならば介護施設に入れるだろう」という考えは通用しなくなる**。

２０３５年の横浜市は、１００万人超の高齢者を抱えるが、行き場を失う大量の高齢者への対策が喫緊の課題となる。県内各地へ人口が流出してゆく横浜市と対照的なのが、川崎市やさいたま市である。

**２０４５年の川崎市・さいたま市は福岡市とともに、２０１５年よりも人口が増える政令指定都市だ**。出産期女性の人口も、川崎市が12％減と、政令指定都市の中で減少率は最小、さいたま市も13・5％減と、２番手である。この２都市は、「負け戦」の中で健闘していると言えるだろう。

他方、東京圏の外縁部では、他の地方と同じような困難に直面する。２０２５年の前橋市は、高齢化率が33％、千葉県南房総市では50％、群馬県南牧村《なんもく》はなんと70％だ。**２０４０年、宇都宮市は人口50万人を下回ってしまう**。

もちろん、それほど減少しない地域もある。たとえば２０３５年、埼玉県戸田市では２０１５年比で15％の人口増、千葉県流山市も14％増だ。都心にアクセスしやすく、若い世代の定住を促進している自治体は、しばらくは減少しない。しかし、住民は高齢化していくので、旧態依然の行政サービスでは立ちゆかないだろう。

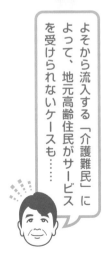

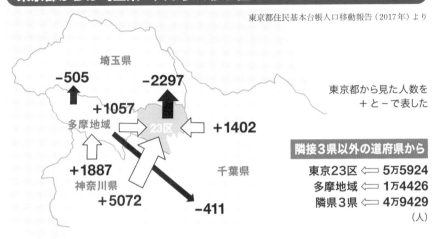

## 東京に住む高齢者の介護の受け皿地域になっているのは埼玉県なのね〜

## 東京都からは埼玉県へ人が多く移り住んでいる

東京都住民基本台帳人口移動報告（2017年）より

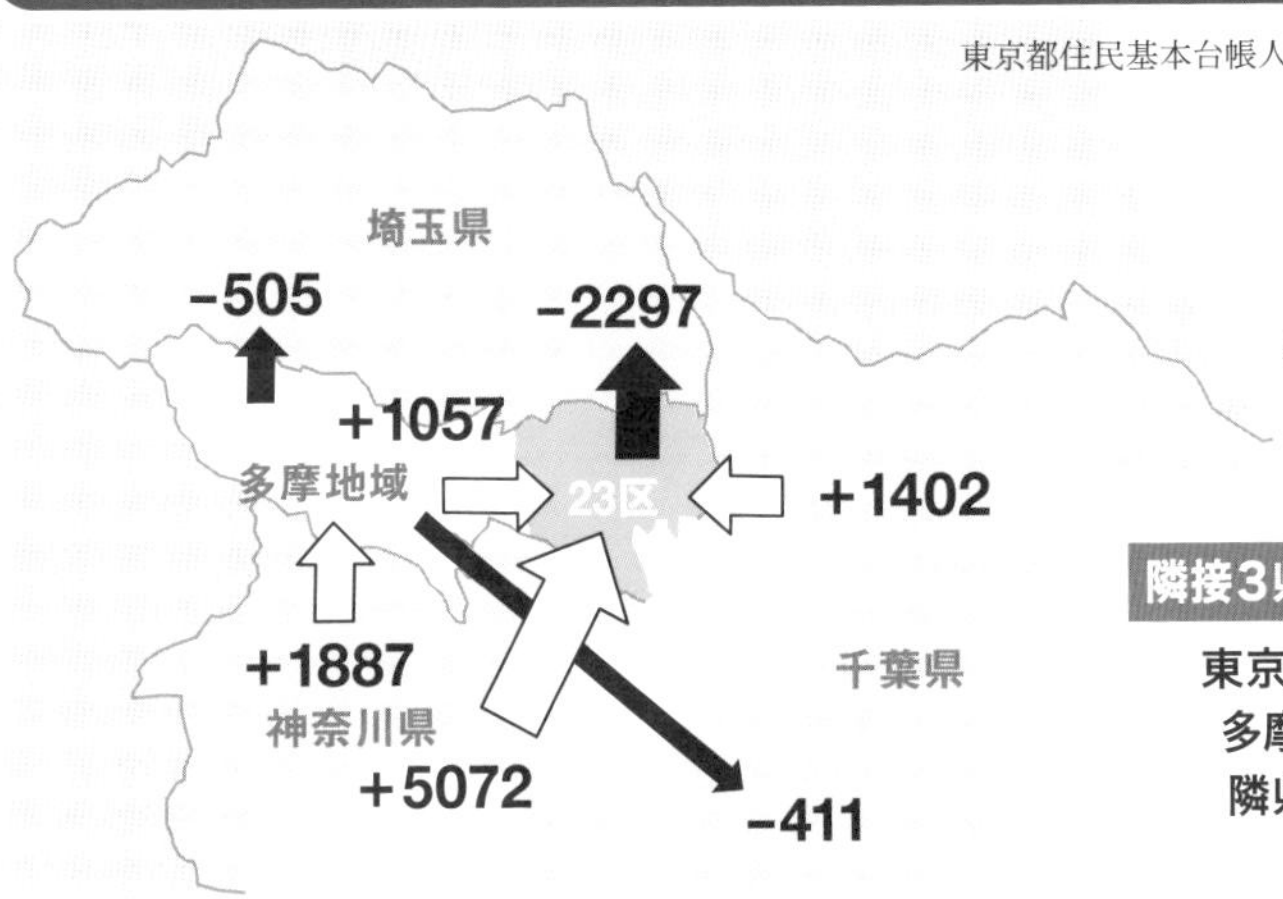

埼玉県
−505
−2297
+1057
多摩地域
23区
+1402
+1887
神奈川県
+5072
−411
千葉県


東京都から見た人数を
＋と－で表した

**隣接3県以外の道府県から**

東京23区 ⇐ 5万5924
多摩地域 ⇐ 1万4426
隣県3県 ⇐ 4万9429
（人）

## 介護施設は区域を越えて求められている

特別養護老人ホームの利用者数

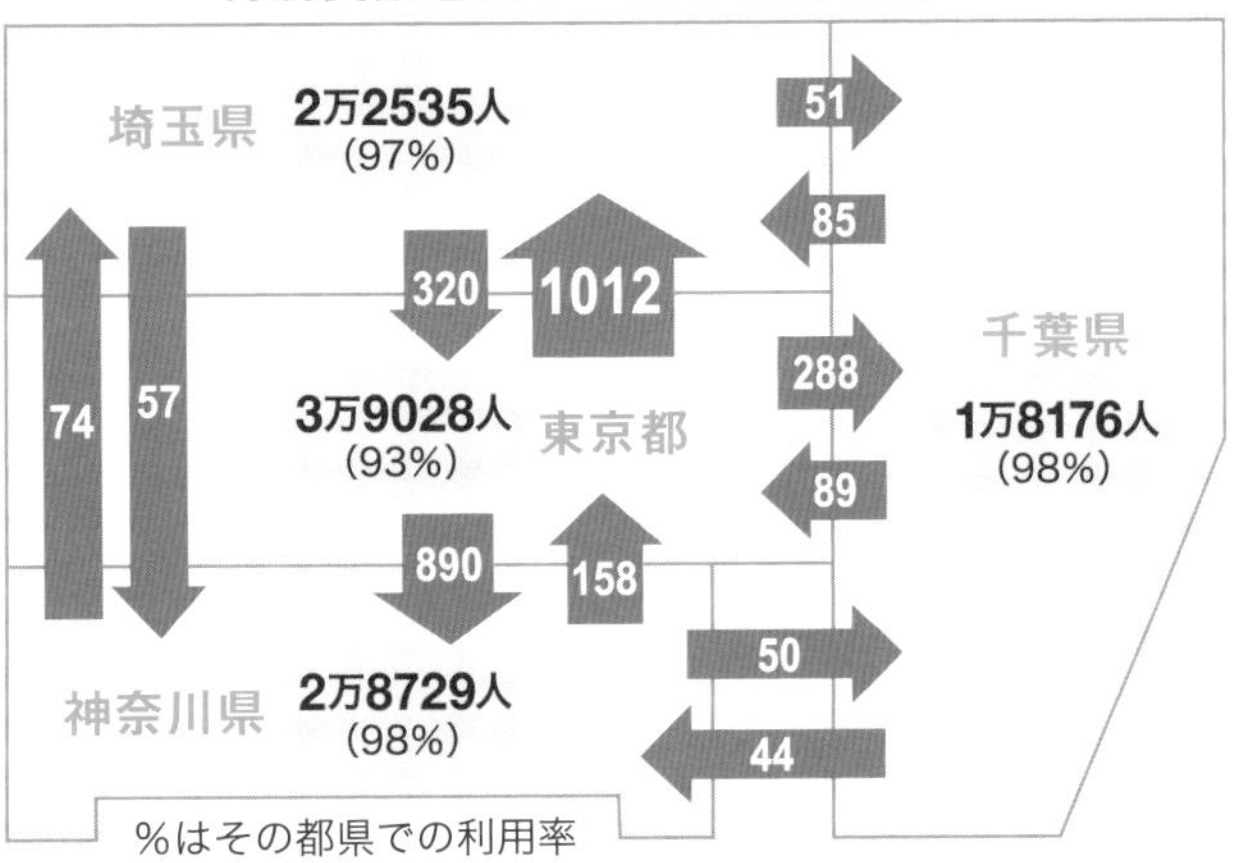

埼玉県
2万2535人
(97%)
51
85
320
1012
74
57
千葉県
288
3万9028人
(93%)
東京都
1万8176人
(98%)
89
890
158
50
神奈川県
2万8729人
(98%)
44
%はその都県での利用率


日本創成会議の資料より

よそから流入する「介護難民」によって、地元高齢住民がサービスを受けられないケースも……

# 三大都市圏で「ひとり負け」の関西圏。大阪市の人口を下支えするのは外国人

## 観光客を集める京都・神戸も減少。独自の魅力で「戦略的に」縮めるか

関西圏は衰退の予兆が見えている。関西圏で就職した人が30〜40代で東京圏に移り住むケースが多く、総人口がすでに減少しているのだ。2045年での人口減少率も、三大都市圏の中で最も大きく、「ひとり負け」となる。

大阪市は、社会増も自然減も全国トップという特殊な構造になっている。**人口増加を他の関西圏などからの流入に頼ると同時に、転入者の3分の1を占める外国人に大きく頼っている**のだ。

今後、**大阪市では市内の二極化が顕著になっていく**。西成区では2025年までに2割ほど人口が減少する一方、中央区や西区では1割以上増加する。2040年には市全体の人口が減少し、「250万都市」から凋落する。西区、中央区などは人口が増えるが、西成区は半減、大正区・港区も30％以上減る。中心回帰の流れが大阪にもあるのだ。

**2025年、「150万都市」から転落する神戸市は、政令指定都市の中で最も早く高齢化が進行する**。2045年の高齢化率は40％だ。平地が少なく急な坂の多い神戸では、多くのひとり暮らし高齢者が移動難民になりかねない。

関西圏で最も人口減少が深刻なのは、奈良県の山間地域だ。野迫川《のせがわ》村では2035年までの20年で、人口が6割近く減る。2045年の上北山《かみきたやま》村には出産期の女性が一人にまで減り、0〜4歳人口は0人となる。同年の川上村の人口は、79％減で下落率が全国トップ（2015年比）。ここまで減ってしまうと、もう自然増は望めないだろう。

**2045年、大阪市の中心に人口が集中する「逆ドーナツ化」が起きるんだね！**

## 大阪市の区部人口変動率（2015〜45年）

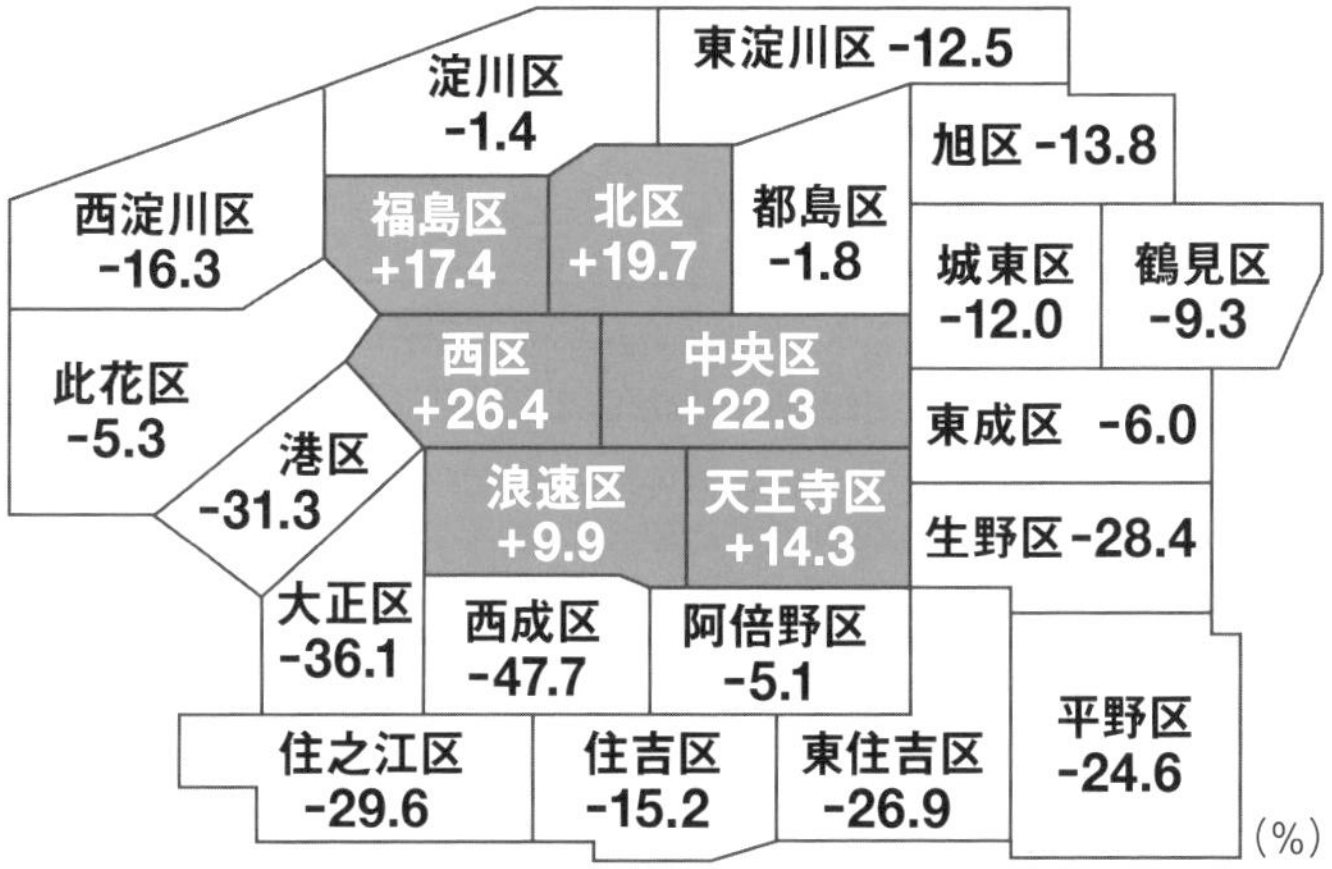

東淀川区 -12.5
淀川区 -1.4
旭区 -13.8
西淀川区 -16.3
福島区 +17.4
北区 +19.7
都島区 -1.8
城東区 -12.0
鶴見区 -9.3
此花区 -5.3
西区 +26.4
中央区 +22.3
東成区 -6.0
港区 -31.3
浪速区 +9.9
天王寺区 +14.3
生野区 -28.4
大正区 -36.1
西成区 -47.7
阿倍野区 -5.1
平野区 -24.6
住之江区 -29.6
住吉区 -15.2
東住吉区 -26.9
(%)


国立社会保障・人口問題研究所「日本の地域別将来推計人口」（2018年）より

## 人を集めても、東京圏へ吸われていく

人口減に悩む京都市には住宅の高層ビル化の構想が浮上するが、古都らしさを失い衰退につながります

大阪市の転出入の状況（2017年）

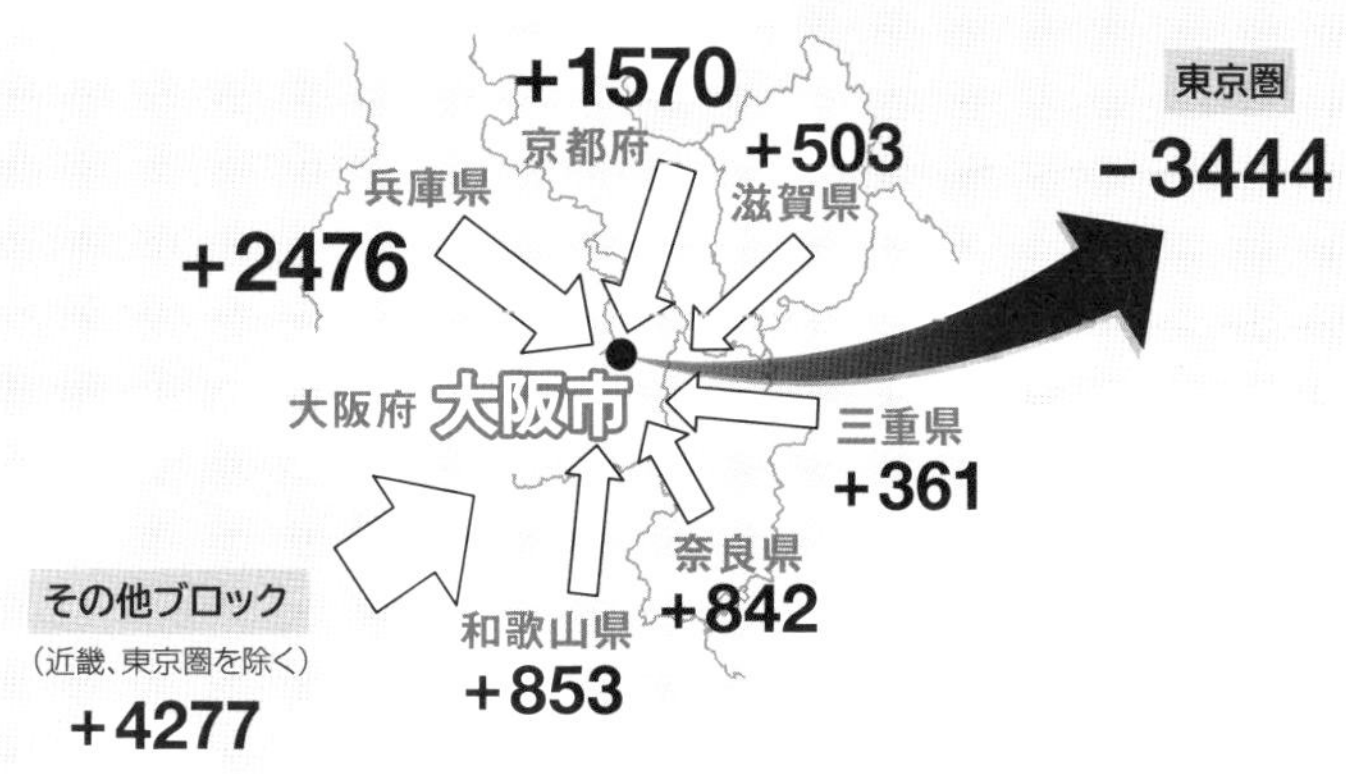

+1570
京都府
+503
滋賀県
東京圏
－3444
兵庫県
+2476
大阪府 大阪市
三重県
+361
奈良県
+842
その他ブロック
（近畿、東京圏を除く）
+4277
和歌山県
+853


内閣官房まち・ひと・しごと創生本部の資料より

名古屋圏

# 若者と外国人を呼び寄せる名古屋市。懸念材料は、広すぎる道路

## ２０３６年、愛知県は「最も医師が不足する都道府県」になる

〝リニア景気〟にわく名古屋市は、人口増加が加速している。２０２０年1月時点の人口は２３３万人で23年連続の増加だ。流入元は愛知県の他市町村から、中部各県、北陸まで広範囲だ。大企業も多く、若者の就職先があることが大きいことに加え、いまや国外から流入する外国人の多さがものをいっている。

そんな**名古屋市も、２０２５年までに人口減少が始まり、60万人以上の高齢者を抱える。**２０４５年には高齢化率が東区で34％、中区で29％となり、突出した地区も出てくる。その意味での**懸念材料は、広すぎる道路**である。高齢住民は道路を渡るのが難儀となり、コミュニティを分断する存在となりかねない。

愛知県全体では、高齢化がさらに深刻だ。２０４５年の高齢化率は33％で、県民の３人に１人が高齢者に変わる。75歳以上の割合も18・5％と予想され、人口で考えると２０１５年の１・５倍以上だ。たとえば、**長久手《ながくて》市とみよし市では、２０１５年比で80歳以上の人口が約3倍増となる。**

そんな愛知県にとってショックな未来予測がある。２０３６年に愛知県は**「最も医師が不足する都道府県」**となるのだ。その数なんと２２５０人。膨大な高齢者を抱えながら、それを診る医師が圧倒的に不足することが予想されている。

隣県に少し目を向けると、静岡市の２０１９年末の人口は69万人だが、２０４５年には57万人と、**最も人口の少ない政令指定都市**になる。このままでは名古屋や東京に若者を吸い取られ続けるだろう。

## 外国人は、東京圏ばかりでなく、名古屋圏にも多く集まっているのか

### 外国人の人口比率が多い市区町村20

丸数字はランキング順位

※東京 23 区以外の区は除く

総務省「住民基本台帳に基づく人口、人口動態及び世帯数」（2018年1月1日）より

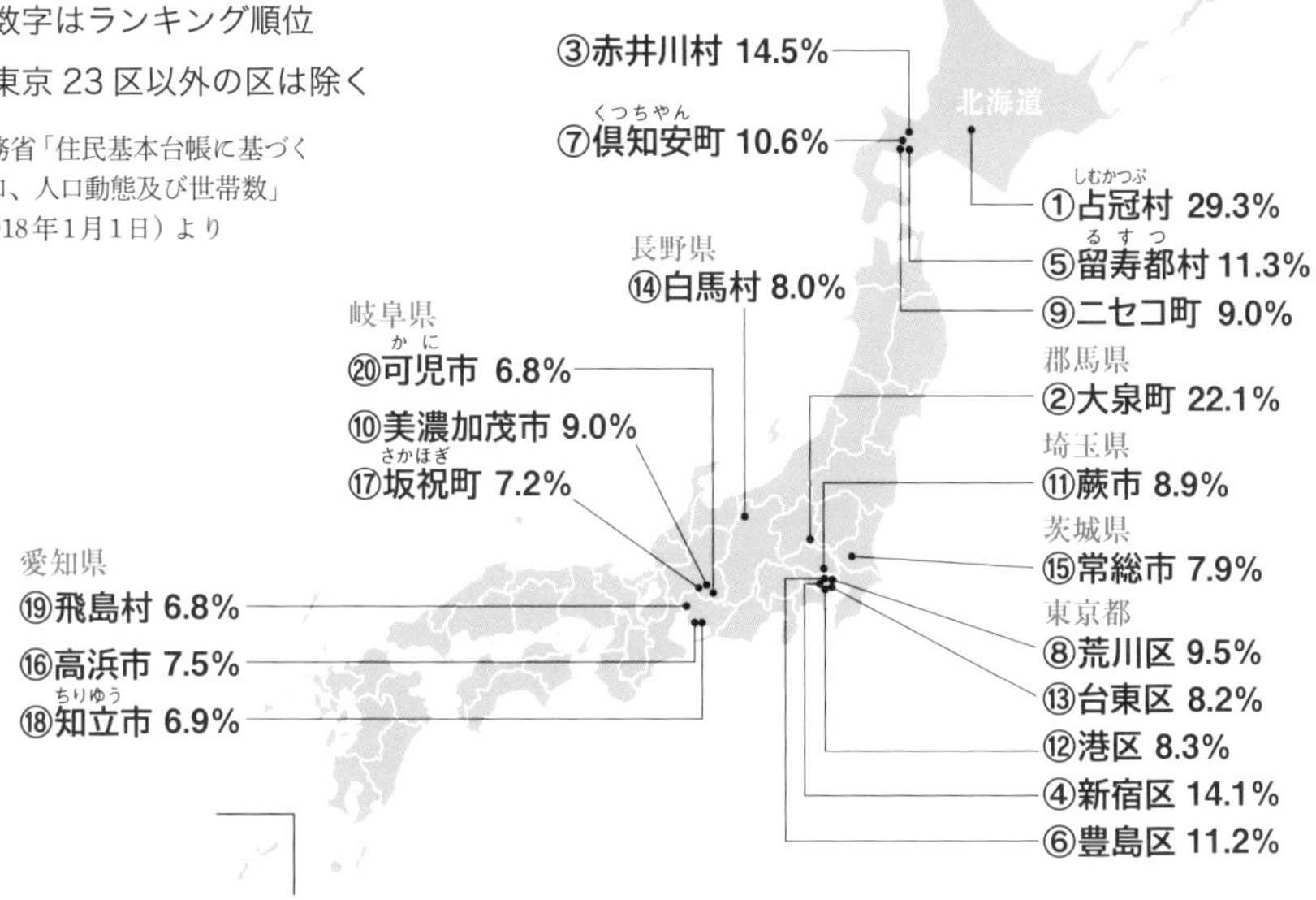

北海道
③赤井川村 14.5%
⑦倶知安《くっちゃん》町 10.6%
①占冠《しむかっぷ》村 29.3%
⑤留寿都《るすつ》村 11.3%
⑨ニセコ町 9.0%
長野県
⑭白馬村 8.0%
岐阜県
⑳可児《かに》市 6.8%
⑩美濃加茂市 9.0%
⑰坂祝《さかほぎ》町 7.2%
群馬県
②大泉町 22.1%
埼玉県
⑪蕨市 8.9%
茨城県
⑮常総市 7.9%
東京都
⑧荒川区 9.5%
⑬台東区 8.2%
⑫港区 8.3%
④新宿区 14.1%
⑥豊島区 11.2%
愛知県
⑲飛島村 6.8%
⑯高浜市 7.5%
⑱知立《ちりゅう》市 6.9%


### 名古屋市は、北陸３県からも吸い寄せる

名古屋の広すぎる道路は高齢者の足枷になる。オープンスペースなどへの転換が急がれるでしょう

名古屋市の転出入の状況（2017年）

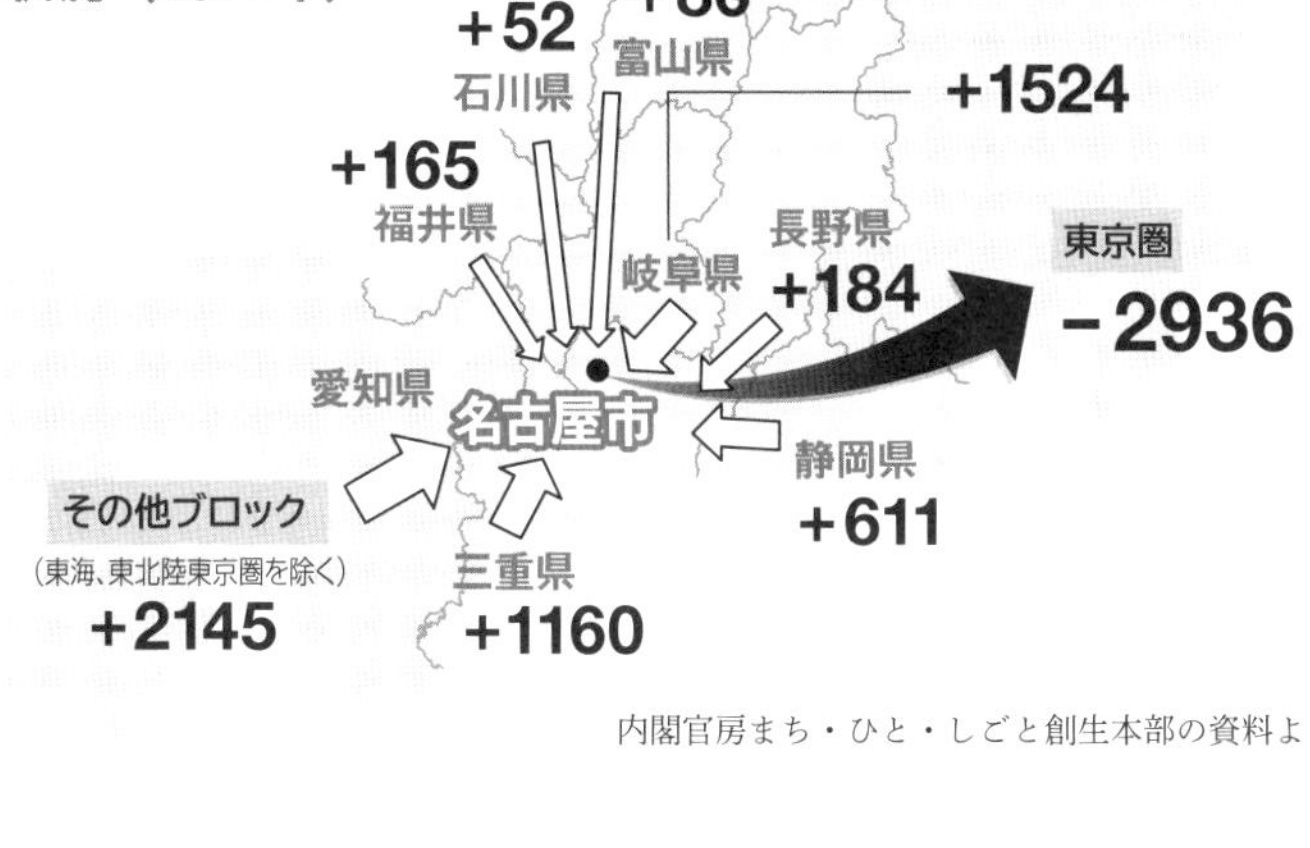

+86
富山県
+52
石川県
+1524
+165
福井県
長野県
+184
岐阜県
東京圏
－2936
愛知県
名古屋市
静岡県
+611
その他ブロック
（東海、東北陸東京圏を除く）
+2145
三重県
+1160


内閣官房まち・ひと・しごと創生本部の資料より

# 2035年、高齢者率が約5割の札幌が「北のシルバータウン」に

## 札幌市に住む子供が道内の年老いた両親を呼び寄せ、札幌以外の地域が消滅し始める

2020年1月時点での札幌市の人口は197万5911人。少しずつ増え続けており、200万都市目前だ。内訳を見ると、10代後半から20代前半の若者が進学や就職を機に、札幌にやってくるケースが大半である。その結果、札幌周辺や道内の他の市町村では少子高齢化が急速に進んでしまっている。たとえば道内北部に位置する〝北海道で一番小さな村〟音威子府《おといねっぷ》村（人口約770人）では、**1年間でわずか3人しか子供が生まれなかった。**

もっとも、札幌市だって安穏としてはいられない。市内の住人が、市外・道内に住んでいる年老いた親を呼び寄せる事例が増加している。身体が動くうちに、不便な田舎から福祉・医療・交通の整った札幌に引っ越すパターンも今後増えていくだろう。

かくして、**2035年には「北のシルバータウン・札幌」が誕生する。**同年の札幌市南区の高齢化率は46％と予測されており、まるで山間部の限界集落のようだ。実に**市内の3人に1人が高齢者、5人に1人が75歳以上となる。**札幌の厳しい冬を高齢者が一人でも暮らせるように、インフラの再編が不可欠になるだろう。

なお、2045年には札幌市以外の地域が文字どおり〝消滅〟を始める。道南の福島町では出産期の女性の人口が、2015年との比較で87％減、道中央に位置する**歌志内《うたしない》市ではなんと93％減**と推計されている。道内のあちこちで限界を迎える自治体の運営をどうするのか――待ったなしの対応が求められている。

# 2045年、札幌市は約180万人、歌志内市は813人にまで減少するわ～！

## 道内から集めた人々も東京圏へ押し出されてゆく

札幌市の転出入の状況
（2017年）

内閣官房まち・ひと・しごと
創生本部の資料より

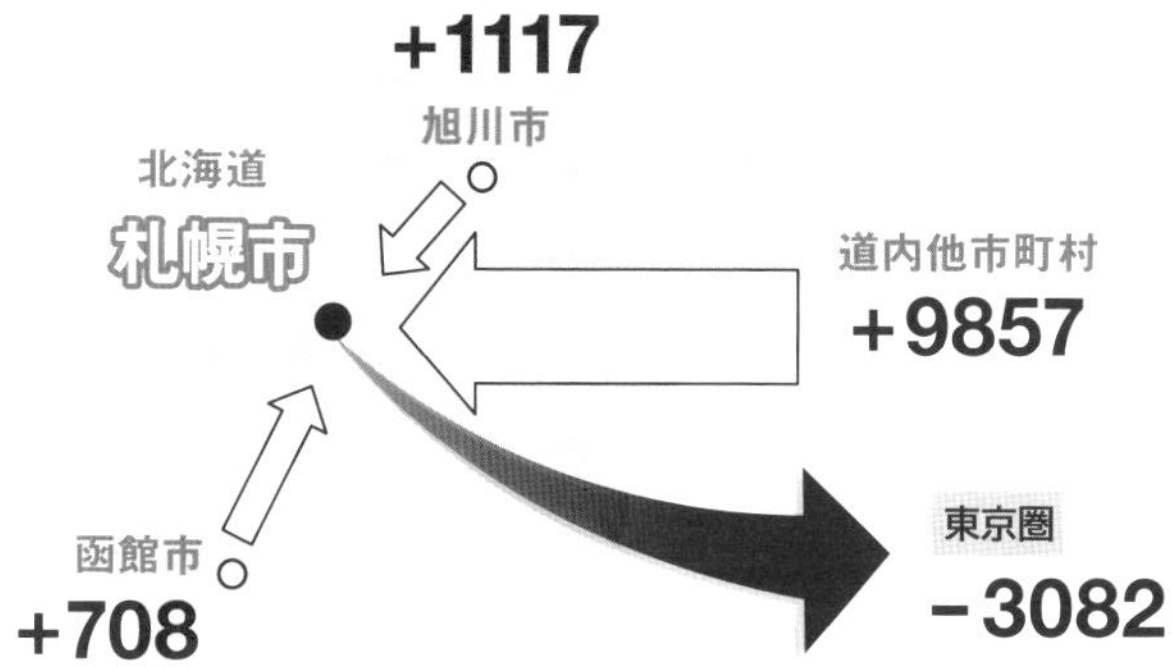

+1117
旭川市
北海道
札幌市
道内他市町村
+9857
東京圏
－3082
函館市
+708


## 北海道の自治体の人口減少率20（2015→2045年）

| | 都道府県 | 減少率 |
|---|---|---|
| 1 | 歌志内市 | 77.3％ |
| 2 | 夕張市 | 74.5％ |
| 3 | 松前町 | 72.8％ |
| 4 | 福島町 | 70.1％ |
| 5 | 木古内《きこない》町 | 69.0％ |
| 6 | 上砂川町 | 67.9％ |
| 7 | 積丹《しゃこたん》町 | 67.8％ |
| 8 | 白糠《しらぬか》町 | 67.1％ |
| 9 | 音威子府村 | 66.1％ |
| 10 | 利尻町 | 65.7％ |

| | 都道府県 | 減少率 |
|---|---|---|
| 11 | 赤平市 | 65.6％ |
| 12 | 上ノ国町 | 65.4％ |
| 13 | 奥尻町 | 65.3％ |
| 14 | 占冠《しむかっぷ》村 | 65.1％ |
| 15 | 三笠市 | 64.6％ |
| 16 | 古平町 | 63.8％ |
| 17 | 妹背牛《もせうし》町 | 63.3％ |
| 18 | 上川町 | 63.3％ |
| 19 | 芦別市 | 63.1％ |
| 20 | 乙部《おとべ》町 | 63.0％ |

国立社会保障・人口問題研究所「日本の地域別将来推計人口」（2018年）より

厳しい冬場に外出せざるを得ないひとり暮らし高齢者のために、集まり住める場所が必要です！

# 青森・岩手・秋田の人口激減で、2040年、仙台市は100万都市返上

## 青森と秋田の出産期女性は6割減で、仙台の人口増を支えられない

東北の中心都市・仙台市は109万人であり、戦後から緩やかな人口増加が続いてきたが、2017年に戦後混乱期以降初めて自然減となり、2018年の減少幅は前年比5・3倍となった。2020年1月時点では若干の増加も見られるが、**2040年時点では「100万都市返上」となり、2045年の人口は92万人ほど**と予想される。

仙台を襲う人口減少は、他の東北5県の衰退が原因だ。これらの県は長く仙台の人口増加を支えてきた。2018年、東北5県から仙台市へは4600人の流入超過だった。15〜24歳の若年層が多く、進学や就職を機に仙台へと移住するケースが多い。

しかし、各県の人口減少は著しく、もはや仙台へ人を送り込む力は残されていない。社人研によれば、2025年時点で、青森市は11%の人口減が予想されている（2015年比）。同時期、秋田市は人口が30万人を下回り、高齢者の割合が35%を超える。仙台へ送り込む若者がいなくなってしまったのだ。

さらに2045年には東北全体で出産期女性（25〜39歳）が激減する。秋田県では62%、青森県は59%も減少し、山形・岩手・福島でも半減する。仙台市ですら43%減だ。一方で、高齢者の増加率も著しい。75歳以上の割合は秋田県で32%、青森県で29%、福島県27%だ。2015年から2045年で**80歳以上の増加率が全国で最も多いのは仙台市のベッドタウン・富谷《とみや》市で、なんと3・1倍**だ。本当のベッドタウンの誕生である。

この急変に企業や自治体の対応が求められる。

## 仙台市のベッドタウンでも高齢者が激増し、富谷市では3.1倍増になるなんて！

### 80歳以上の人々が激増する自治体30

丸数字はランキング順位

※%は2015→2045年の変動率。政令指定都市の区も含む

国立社会保障・人口問題研究所「日本の地域別将来推計人口」（2018年）より

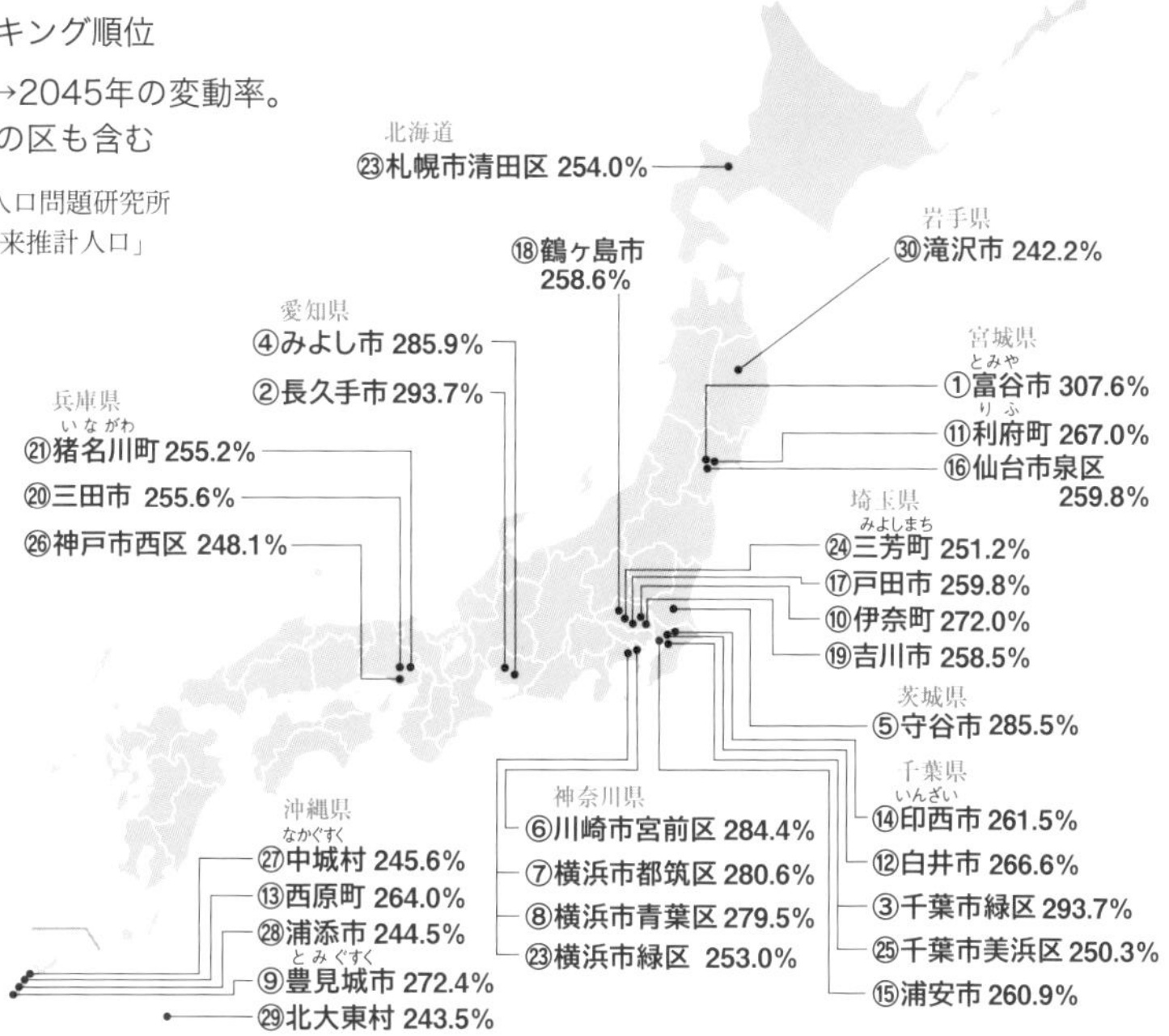

北海道
㉓札幌市清田区 254.0%
⑱鶴ヶ島市 258.6%
岩手県
㉚滝沢市 242.2%
愛知県
④みよし市 285.9%
②長久手市 293.7%
宮城県
①富谷《とみや》市 307.6%
⑪利府《りふ》町 267.0%
⑯仙台市泉区 259.8%
兵庫県
㉑猪名川《いながわ》町 255.2%
⑳三田市 255.6%
㉖神戸市西区 248.1%
埼玉県
㉔三芳町《みよしまち》 251.2%
⑰戸田市 259.8%
⑩伊奈町 272.0%
⑲吉川市 258.5%
茨城県
⑤守谷市 285.5%
千葉県
⑭印西《いんざい》市 261.5%
⑫白井市 266.6%
③千葉市緑区 293.7%
㉕千葉市美浜区 250.3%
⑮浦安市 260.9%
神奈川県
⑥川崎市宮前区 284.4%
⑦横浜市都筑区 280.6%
⑧横浜市青葉区 279.5%
㉓横浜市緑区 253.0%
沖縄県
㉗中城《なかぐすく》村 245.6%
⑬西原町 264.0%
㉘浦添市 244.5%
⑨豊見城《とみぐすく》市 272.4%
㉙北大東村 243.5%


### 東北５県の“仙台パッシング”は加速するか

**仙台市の転出入の状況（2017年）**

内閣官房まち・ひと・しごと創生本部の資料より

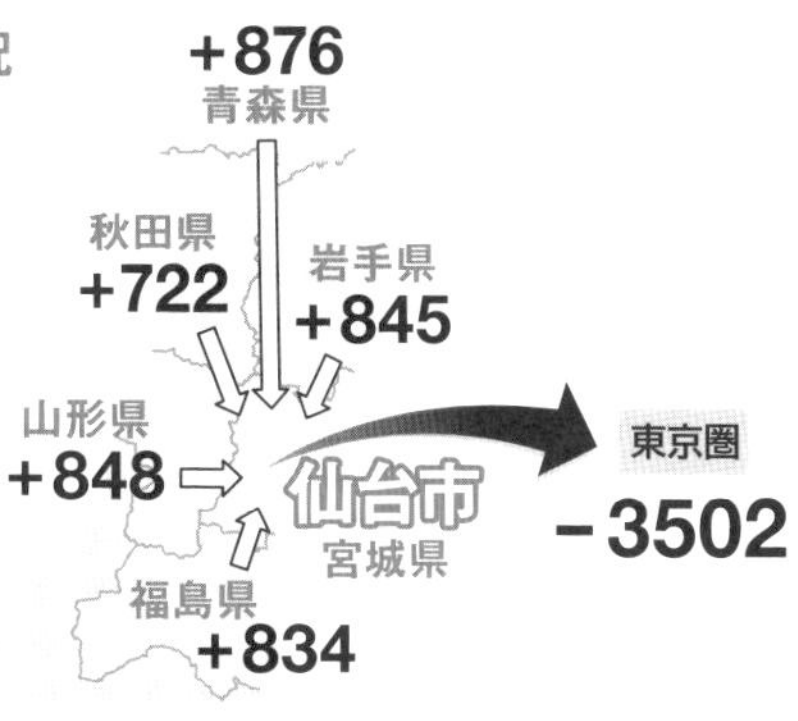

+876
青森県
秋田県
+722
岩手県
+845
山形県
+848
仙台市
宮城県
福島県
+834
東京圏
−3502


青森市と秋田市は県庁所在地なのに、“消滅可能性都市”に名指しされました

# 長野や新潟の村ではすでに、1年間で子供が1人しか生まれていない

## 2025年、新潟市は3人に1人が高齢者となり、2045年には70万人割れ

北陸新幹線が開通し、観光業が活発となった北陸・甲信越地方。2023年には福井県敦賀市までの延長が予定されており、東京圏との結びつきもさらに強まる。ただすでに人口減少局面に突入しており、特に長野県の山間部では、少子高齢化が深刻だ。2017年に、長野県王滝《おうたき》村では3人、平谷《ひらや》村では2人、売木《うるぎ》村では1人しか子供が生まれなかった。王滝村では高齢化率が約4割となり、県内のあちこちで限界集落が生まれ始めている。

では、将来どうなるかを見ていこう。2025年、北陸甲信越地方の最大都市である新潟市で、65歳以上の割合が31％となる。**3人に1人が高齢者となる**一方、出産期女性は15％以上減少する（2015年比）。同時期に金沢市でも人口減少が始まる。富山県全体の人口も100万人を割り込み、この地域全体の人口減少が加速し始める。

2035年には、新潟市で75歳以上の人口が20％を超え、出産期女性の数が2015年比で24％減少する。この時期になると、**1年間で子供が1人も生まれない自治体も現れはじめるだろう**。

2045年には新潟市の人口が70万人を割り、出産期女性も33％減となる。新潟市では30年間で、出産期女性の人口が3分の2に減ってしまうのだ。

石川県全体の人口も100万人を下回り、長野県根羽《ねば》村では出産期女性人口は87％減となる。山間部で平地が少なく、冬には豪雪地帯となるこの地域で、孤立した限界集落や単身高齢者をサポートするインフラが整えられるだろうか。

**2017年時点で、1年で子供が1人しか生まれていない自治体が8つもあるわ！**

## 1年間に子供が3人以下しか生まれなかった自治体20

総務省「住民基本台帳に基づく人口、人口動態及び世帯数」（2018年1月1日現在）より

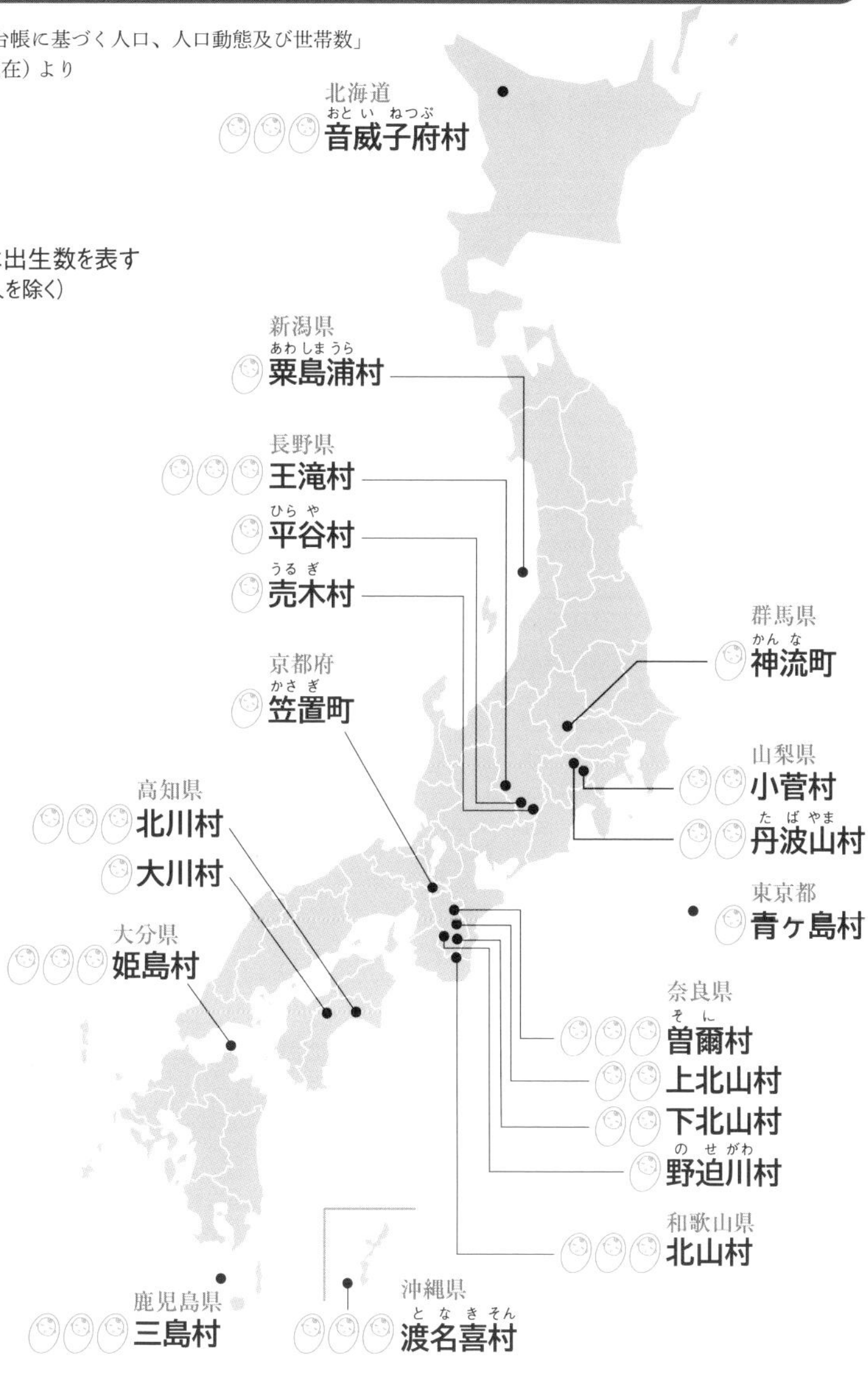

北海道
音威子府《おといねっぷ》村
の数は出生数を表す
（外国人を除く）
新潟県
粟島浦《あわしまうら》村
長野県
王滝村
平谷《ひらや》村
売木《うるぎ》村
京都府
笠置《かさぎ》町
群馬県
神流《かんな》町
山梨県
小菅村
丹波山《たばやま》村
東京都
青ヶ島村
高知県
北川村
大川村
大分県
姫島村
奈良県
曽爾《そに》村
上北山村
下北山村
野迫川《のせがわ》村
和歌山県
北山村
鹿児島県
三島村
沖縄県
渡名喜村《となきそん》

長野・新潟は出生率こそ東京を上回るが、2000年と2015年を比べると、出生数は減少しています

# 人口減少が止まらず、東京都との人口差が、30倍超に開く県とは

## 県内での人口格差も大問題。2045年、高知県民49万人の過半数は高知市内へ

2020年1月時点で広島市の人口は119万5584人で、2020年内には「120万都市」になると見込まれる。しかし、人口を支えてきた社会増の原因も転換期にある。広島市は他地域から人口を呼び寄せる雇用が少なく、2017年には転出超過となってしまったのだ。

2035年には広島市・岡山市の人口も2015年を下回り始め、2045年には広島市内でも区によって状況が分かれる。中区では人口が2015年比で6・4%増となる一方で、安佐北区は30%も減少するのだ。安佐北区は同時期に人口の半分近くが高齢者となり、**「大都市内の限界集落」**と化す。

四国を見ると、2025年には愛媛県宇和島市の出産期女性が39%減となる（2015年比）。2035年の高知県大川村では、出産期女性がたった6人しかいない。2045年になると、出産期女性の人口が高知県全体で3万人、徳島県では3・3万人で、ここまで減ると、人口の自然増は望めない。

同年の**高知県の人口は49・8万人ほどに減っているが、県民の過半数が高知市内に集まる**見込みだ。県内での人口格差も大問題となるだろう。

山陰地方の人口減少は、今後ますます加速する。2025年には松江市が「20万都市」を返上、2035年には鳥取県の人口が都道府県として初めて50万人を下回る。2045年は、**鳥取県の人口が45万人まで減り、東京都との人口差が30倍以上に開く**。

ここまで開くと、現行の都道府県の区割りは果たして意味を成すのか、はなはだ疑問である。

## 2040年までに、中国・四国地方では、75歳以上の高齢者ひとり暮らし世帯が急増するぞ！

### 世帯総数に占める75歳以上の単独世帯の割合

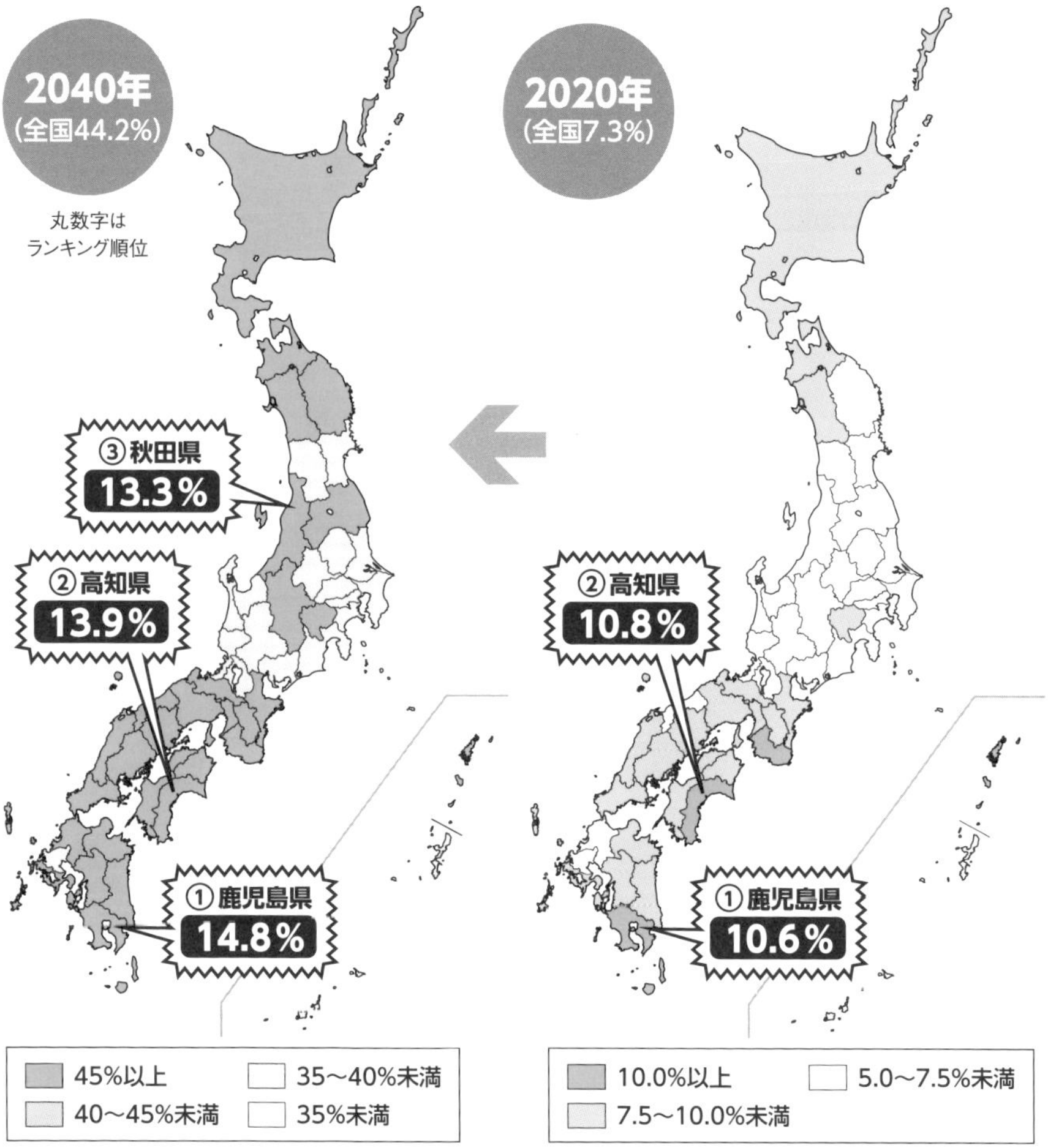

2040年
(全国44.2%)
丸数字は
ランキング順位
③秋田県
13.3%
②高知県
13.9%
①鹿児島県
14.8%
45%以上
35～40%未満
40～45%未満
35%未満
2020年
(全国7.3%)
②高知県
10.8%
①鹿児島県
10.6%
10.0%以上
5.0～7.5%未満
7.5～10.0%未満


国立社会保障・人口問題研究所
「日本の世帯数の将来推計」(2019年)より

2010年の参院選では一票の格差が5倍。解消するためには全国区にならざるを得ない日が来るでしょう

# 九州と山口から若い男女を吸い取る福岡市は、「ミニ東京」へ変貌する

## 30年で約20万人減る北九州市と、約12万人増える福岡市の明暗がくっきり

これからの**日本で希望が持てる都市の代表が、福岡市だ。**２０１８年では、川崎・大阪に続き、全国で３番目に人口が増加した市である。若者の数も多く、政令指定都市で最も若者率が高い。九州新幹線の開通に伴い各県から流入が加速し、**「東京より福岡」の流れができており、「九州のミニ東京化」である。**この流れは続く見通しで、２０４５年での人口増加率は政令指定都市で1位だ（２０１５年比）。

一方で、**北九州市は政令指定都市で最も人口減少が進む。**２０２５年には20％が75歳以上となり、同市の繁栄の象徴である工場が廃墟となる。２０４５年には２０１５年比で20％も人口が減少し、出産期女性の減少率はなんと31％だ。福岡市と北九州市で明暗がはっきり分かれることになる。

福岡以外の九州各県の未来は厳しい。２０２５年に熊本市・大分市で人口減少が始まり、２０４０年には長崎市の高齢化率が40％を超え、高齢者が長崎特有の急坂の往復に苦労する姿が目に浮かぶ。２０４５年の鹿児島県南大隅《みなみおおすみ》町では出産期女性が２０１５年比で84％も減少する。九州での福岡市への一極集中は終わりそうにない。

多産若年のイメージがある沖縄も、人口減少の例外ではない。２０１７年、渡名喜村《となきそん》では3人しか子供が生まれなかった。２０１５年で30％だった高齢化率が、２０４５年には58％へ跳ね上がる。多くの若者が県外へ流出することから、**県内には子供と高齢者だけが残る状況になりかねない。２０３５年には県全体が人口減少を始める。**

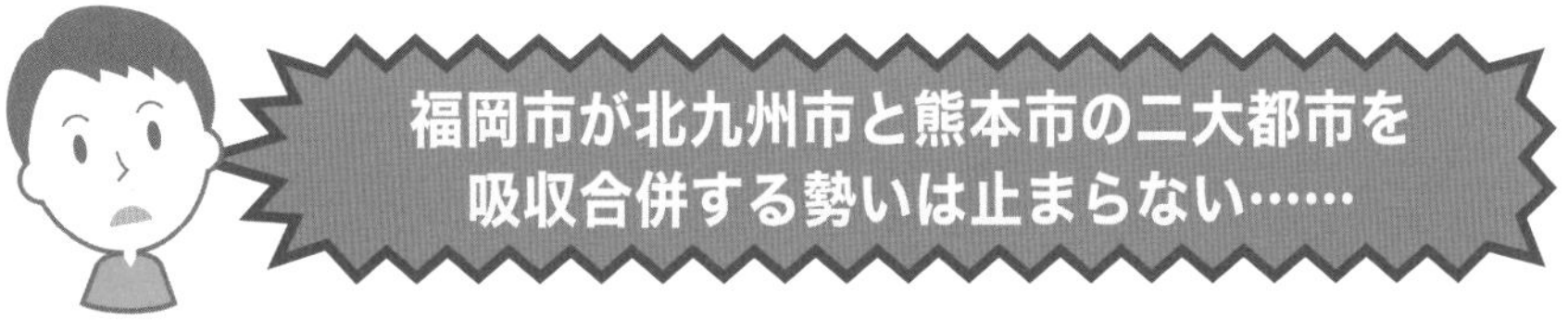
福岡市が北九州市と熊本市の二大都市を
吸収合併する勢いは止まらない……

## 政令指定都市20の人口変動率ランキング

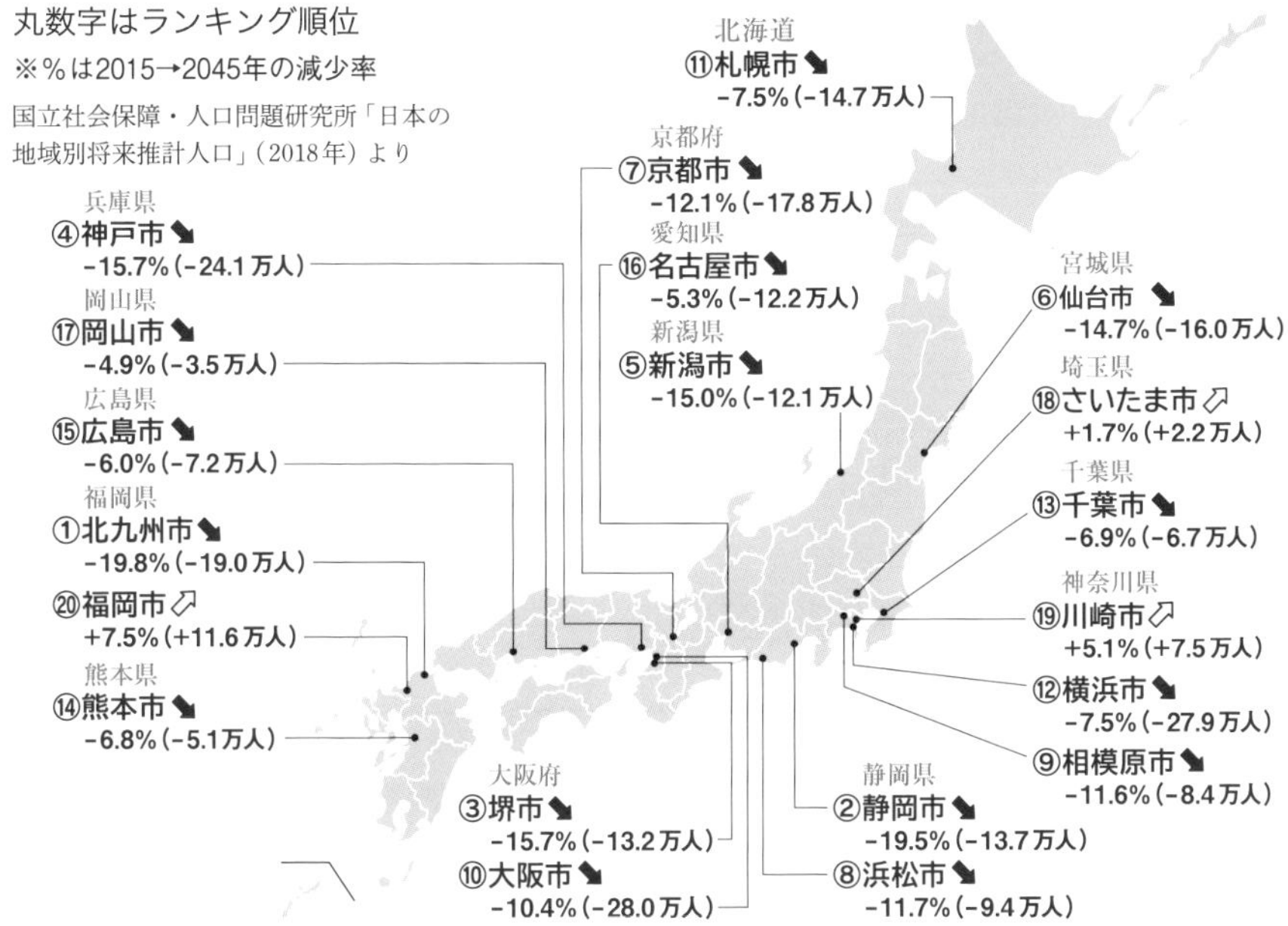
丸数字はランキング順位
※%は2015→2045年の減少率
国立社会保障・人口問題研究所「日本の地域別将来推計人口」(2018年)より
北海道
⑪札幌市
-7.5%(-14.7万人)
京都府
⑦京都市
-12.1%(-17.8万人)
愛知県
⑯名古屋市
-5.3%(-12.2万人)
新潟県
⑤新潟市
-15.0%(-12.1万人)
兵庫県
④神戸市
-15.7%(-24.1万人)
岡山県
⑰岡山市
-4.9%(-3.5万人)
広島県
⑮広島市
-6.0%(-7.2万人)
福岡県
①北九州市
-19.8%(-19.0万人)
⑳福岡市
+7.5%(+11.6万人)
熊本県
⑭熊本市
-6.8%(-5.1万人)
宮城県
⑥仙台市
-14.7%(-16.0万人)
埼玉県
⑱さいたま市
+1.7%(+2.2万人)
千葉県
⑬千葉市
-6.9%(-6.7万人)
神奈川県
⑲川崎市
+5.1%(+7.5万人)
⑫横浜市
-7.5%(-27.9万人)
⑨相模原市
-11.6%(-8.4万人)
大阪府
③堺市
-15.7%(-13.2万人)
⑩大阪市
-10.4%(-28.0万人)
静岡県
②静岡市
-19.5%(-13.7万人)
⑧浜松市
-11.7%(-9.4万人)

## 福岡市の転出入の状況（2017年）

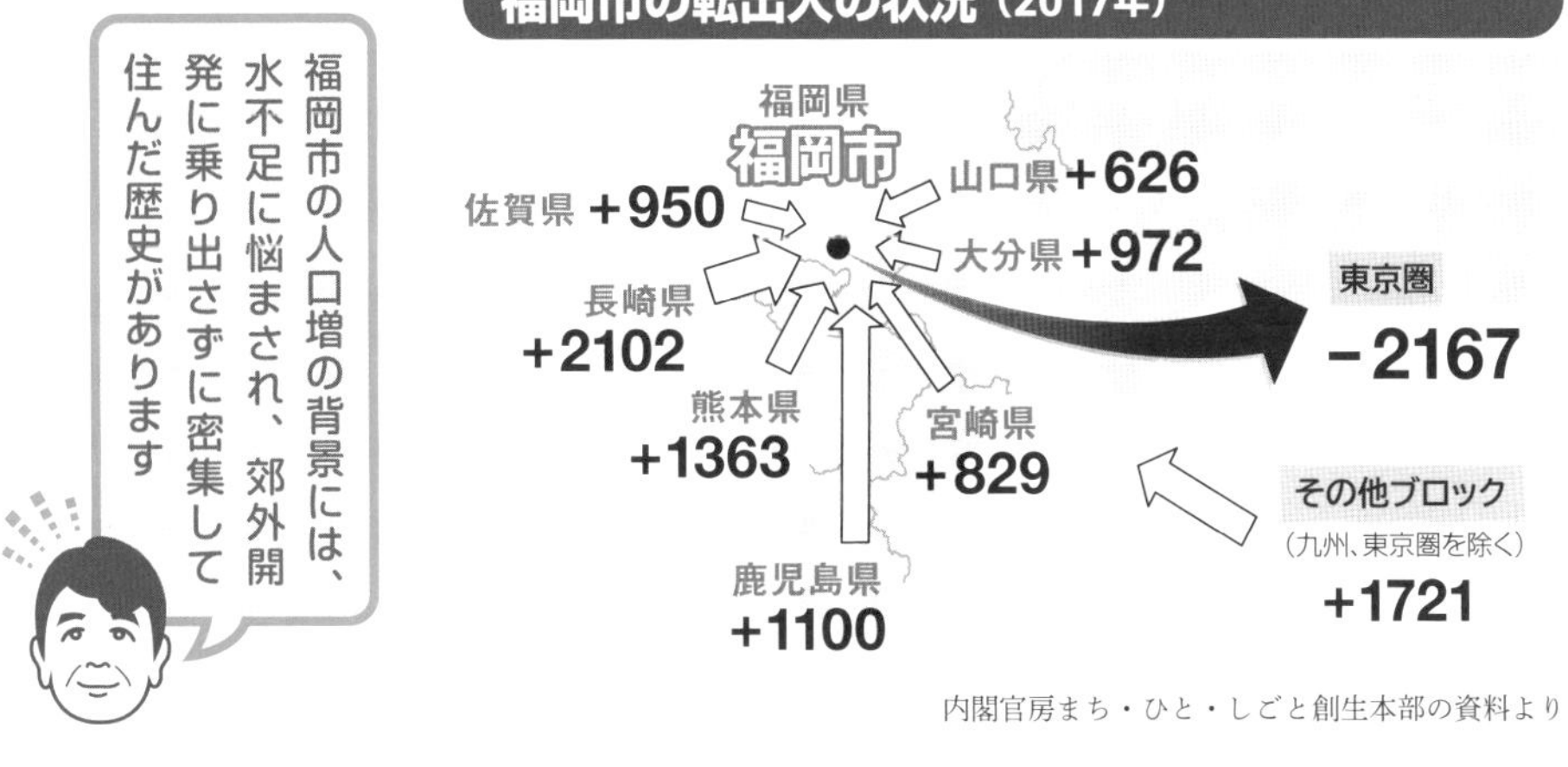
福岡市の人口増の背景には、水不足に悩まされ、郊外開発に乗り出さずに密集して住んだ歴史があります
福岡県
福岡市
佐賀県 +950
山口県 +626
大分県 +972
長崎県 +2102
熊本県 +1363
宮崎県 +829
鹿児島県 +1100
東京圏
-2167
その他ブロック
(九州、東京圏を除く)
+1721

内閣官房まち・ひと・しごと創生本部の資料より

# 2025年、高齢化率50%超えの「限界自治体」が111カ所に

## 2036年、ほぼ全ての都道府県で医師が不足する地域が生まれる

全国に散見され始めた限界集落。四国のある県では、人里離れた山間部に残った5軒の農家は全て90代女性のひとり暮らしだった。彼女たちの生活を支えるのは、山の麓《ふもと》で働く70代のタクシー運転手で、買い物を代行し、家まで届けてくれるそうだ。このような地域は、これから加速度的に増えていく。

２０２０年、奈良県野迫川村で人口が20%減となる（２０１５年比）。全国の市区町村の約15%が「1割以上の減少」となる。**東京五輪後に人口の大幅減少が本格化する**のだ。

２０２５年になると、**「限界自治体」**が広がり始める。群馬県南牧村では70%が高齢者、75歳以上の割合も46%となる。人口も２０１５年比で36%減少する。たった10年で人口が3分の2になれば、税収は激減し、自治体運営も立ち行かない。

２０３５年には北海道夕張市で人口が２０１５年比で6割近く減り、全国21の自治体では人口が５００人を割り込む。この地域では**候補者すら立たず、地方選挙が成立しなくなる**だろう。

さらに深刻なのは医師不足だ。**２０３６年には奈良県以外の全ての都道府県において、医師不足の地域が生まれる**と予想されている（厚労省調べ）。特に深刻なのは新潟、北海道、茨城などだ。満足な治療が受けられない高齢者の続出が懸念される。

２０４５年には高齢者人口も減少する。高知県仁《に》淀川《よどがわ》町では２０１５年比で高齢者人口が60%減る。山梨県早川町は80歳以上の人口が70%減だ。誰も住まない地域が日本中でどんどん広がっていく。

## 奈良県や北海道の過疎地を中心にして、子供を産む女性が、消えていきます――

### 出産期の女性（25～39歳）の減少率が高い自治体30

丸数字はランキング順位

※％は2015→2045年の減少率

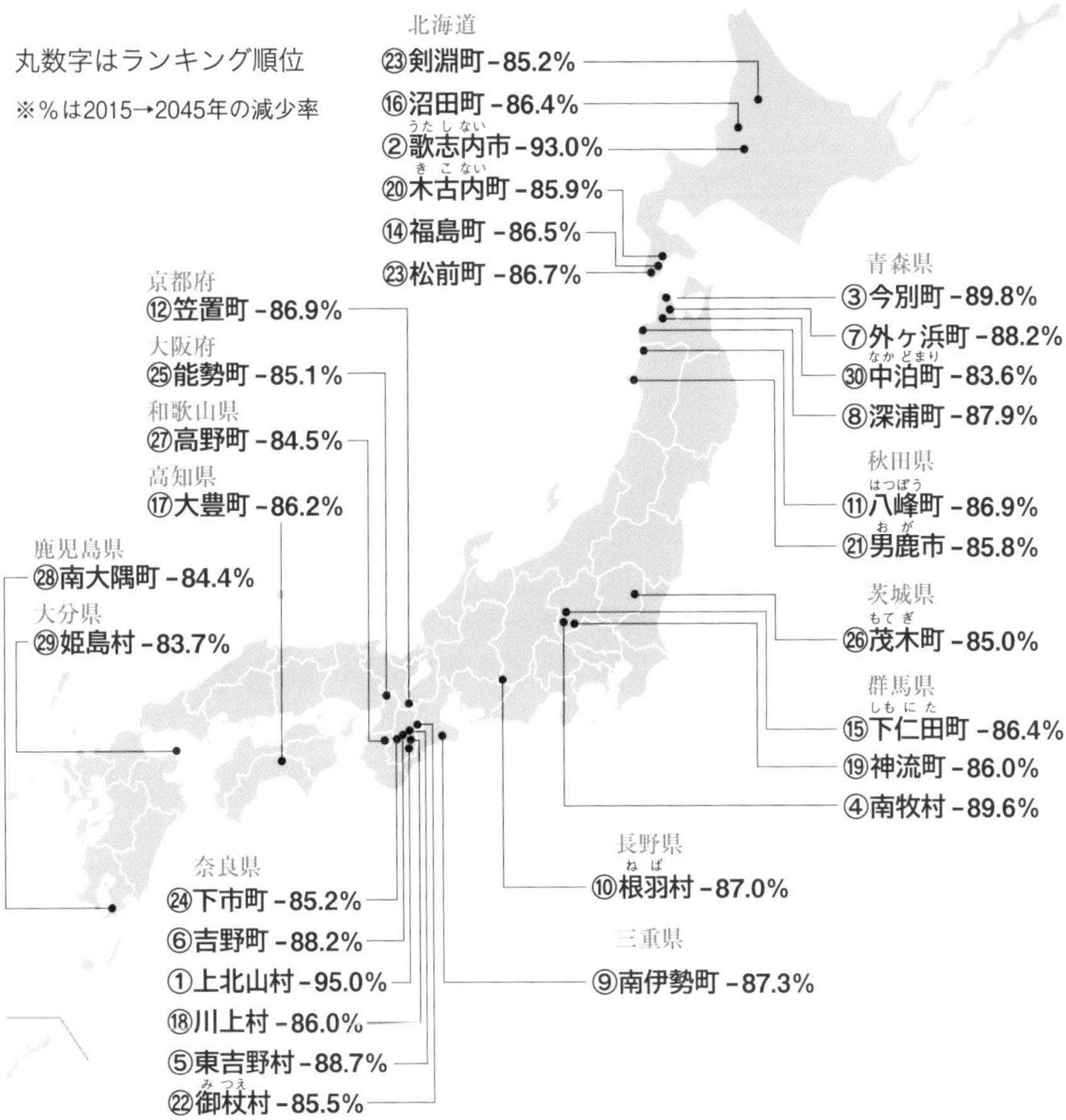

北海道
㉓剣淵町 −85.2%
⑯沼田町 −86.4%
②歌志内《うたしない》市 −93.0%
⑳木古内《きこない》町 −85.9%
⑭福島町 −86.5%
㉓松前町 −86.7%
青森県
③今別町 −89.8%
⑦外ヶ浜町 −88.2%
㉚中泊《なかどまり》町 −83.6%
⑧深浦町 −87.9%
秋田県
⑪八峰《はつぼう》町 −86.9%
㉑男鹿《おが》市 −85.8%
茨城県
㉖茂木《もてぎ》町 −85.0%
群馬県
⑮下仁田《しもにた》町 −86.4%
⑲神流町 −86.0%
④南牧村 −89.6%
長野県
⑩根羽《ねば》村 −87.0%
三重県
⑨南伊勢町 −87.3%
京都府
⑫笠置町 −86.9%
大阪府
㉕能勢町 −85.1%
和歌山県
㉗高野町 −84.5%
高知県
⑰大豊町 −86.2%
鹿児島県
㉘南大隅町 −84.4%
大分県
㉙姫島村 −83.7%
奈良県
㉔下市町 −85.2%
⑥吉野町 −88.2%
①上北山村 −95.0%
⑱川上村 −86.0%
⑤東吉野村 −88.7%
㉒御杖《みつえ》村 −85.5%


国立社会保障・人口問題研究所
「日本の地域別将来推計人口」（2018年）より

全校生徒が50人の県立高校や、高校入試でほぼ全入という地域も登場しているんです

『未来の地図帳』に描かれた

# 「５つの視点」

～令和時代に求められることとは？

### 「王国」づくりのポイント

- 空港や港、高速道路のＳＡ、道の駅などの周囲につくり、他の「王国」と速やかにつながれるようにする
- 高齢者向け住宅や福祉施設を町の中心に据え、すべての用事を歩いて完結できるようにする
- 大型ショッピングモールなども活用し、住むことのできる商店街を実現する

### 拠点という「王国」をつくる

- 人を中心に据えた出会いの場を用意し、「賑わい」をつくっていく
- 行政サービスのうち民間企業や個人で出来ることは自ら行う

### 東京圏そのものを「特区」とする

- 最先端医療やアニメなど得意とする分野の集積地として国際競争力を強化する
- 異業種企業がコンソーシアムを形成し、人材不足を補いつつイノベーションを促す

### 「在宅医療・介護」から転換する

- 在宅介護に頼れば、介護離職者の増大を招き、企業に大打撃となる
- 元気なうちに高齢者が集まり住み、少人数で医療・介護できる態勢を組む

### 基礎自治体の単位を都道府県とする

- 持続困難な市区町村はいつでも「解散」に踏み切れるようにする
- エリア単位で住民同士の助け合いのルールを定める

### 働くことに対する価値観を見直す

- 仕事の総量を減らすことで、若者に「遊ぶ」時間と機会を与える
- オランダのように休暇を多く取ることで、労働生産性を向上させる

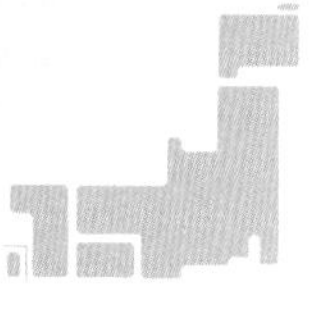

## おわりに　豊かさの維持と「遊び」を許す努力

**かなり追い込まれている**――これが今の日本が置かれた真の姿、現実だ。

政治家や官僚には、いまだに「どこかで人口減少に歯止めがかかる」などと根拠なく考えている人が少なからず存在するが、それは幻想に過ぎない。

もはや、人口減少を前提として、この状況にどう折り合いをつけるかを考えるしかない。

ところが、既得権を持った人ほど変化を嫌うものだ。これまでの成功体験を一日でも長く続けようと無理を重ねていく。外国人労働者の受け入れ拡大が、その典型例である。「働き手世代が減るなら、どこかから来てもらえばいい」という極めて短絡的な発想である。

法制度を変えてまで受け入れ基準を緩和したところで、外国人は集められない。コンピュータが普及し、熟練した技術がなくても商品を製造することが可能となったからだ。資本家たちは安い人件費を求め、これまで技術的に遅れていた国にどんどん最新鋭の工場を建設している。すなわち、世界各国に仕事が創出されているのである。言葉の通じない極東の島国が魅力的であるとは限らないのだ。

この国難は、日本人が自ら解決していくしかないと覚悟するときである。

あまりにも課題が大きく、数多いが、何から手を着けるべきなのか。

**経済的豊かさの維持こそが最も急がれる。少子高齢化が進んでいく日本が、もし豊かさを手放してしまうならば、二度と取り戻すことはできないだろう。**

戦後の日本は奇蹟的な経済成長を実現した。そこには、人件費の安さをセールスポイントとした薄利多売モデルの成功があった。これがもう通用しないのである。先述したようにコンピュータの発達で薄利多売のお株は途上国に奪われ、少子高齢化によって国内マーケットは縮小の一途である。

今や、発想を切り替えて臨むしかあるまい。そこで私が提唱しているのが、**「戦略的に縮む」**という成長戦略である。量的拡大路線との訣別だ。3つの観点から説明しよう。

第1のポイントは**豊かさの維持**だ。少子高齢化で国内マーケットが縮むのだから売上高が減っていくのは仕方がない。だが、よく考えていただきたい。同時に働き手世代も減るのだ。付加価値を高めて一つあたりを高く売りさえすれば、販売個数の目減りほどに売り上げが減るわけではないだろう。

これを労働者一人当たりに換算したら、むしろ一人当たりの利益高や利益率を今より大きくすることは十分に可能だ。こうなれば、個々の報酬・給与を現在よりアップすることもできる。これからの日本はこうした企業や業種を一つでも増やしていくことだ。

暮らしが今よりも向上すれば、若い世代にも希望や展望が見えてこよう。この国難を打破する方策は、子供がたくさん生まれてくる社会を取り戻すしかない。若い世代が将来を絶望したならば、子供を育もうとはならないだろう。

この豊かさの維持とともに私が強調しておきたいのが、第2のポイントである**優秀な若者に「遊び」を許す努力**だ。いつの時代も、若者が「未来」を切り開いてきた。天然資源に乏しい日本では、技術力や洗練された文化などが大きな財産であり、イノベーションは、一見すると無駄と思える多くの研究や体験など「遊び」の中から誕生してきたのだ。

ところが出生数が減り続けている今、現在のサイズで社会を維持していこうとすれば、すべての人が即戦力として結果を求められてしまう。こうなったら「遊ぶ」余裕が無くなり、日本発のイノベーションやファッション、カルチャーは極めて生まれづらくなろう。

ここでも「戦略的に縮む」ことである。働き手世代が減ったとしても、国民の総仕事量も減れば、理屈の上では人手不足は解消する。そうして、優秀な若者たちが成長分野において「遊び」に没頭できるような環境を整えていくことである。

優秀な若者ほど各企業が抱え込まず、オープンイノベーションを促していくこともポイントとなる。

「戦略的に縮む」３つ目のポイントは、**コンパクトな街づくり**だ。住民が減り、税収不足が懸念されるのに郊外への開発が止まらず、市街地が拡大し続けている。

やがて、インフラの更新がままならなくなるだけでなく、自治体職員の不足で行政サービスまでもが滞りかねない。人口減少時代には、コンパクトな街づくりが不可欠となる。とはいえ、単に集まり住んでも仕方がない。最も必要なのは、集まり住んだうえで住民同士が助け合う仕組みの構築だ。

たとえば、地域内での二地域居住を普及させる。高齢者向けには福祉施策として低家賃の住居を地域ごとに用意し、地域コミュニティへの参加を促す。働き手世代に対しては引っ越し費用の一部を補助するのである。

まだまだアイデアはあるが、ここで申し上げたいことは、**これまでの常識を打ち破り、社会を根本から変えていかないかぎり、人口減少の激流に日本は流されてしまう**ということだ。もうそんなに多くの時間が残されているわけではない。思考を巡らせている段階は終わった。いまは一歩踏み出すときである。

最後になったが、講談社現代新書の青木肇編集長、そして『未来の年表』から一貫して担当してくれている米沢勇基副部長に甚大なるご尽力を頂いた。講談社現代ビジネスの石川真知子さんには『未来の地図帳』に続いて今回もデータ分析作業をお手伝い願った。まさに「ワンチーム」による成果として本書を世に送り出せた。この場をお借りして深謝申し上げる。そして、私を支え続けてくれる家族とペットの猫に本書を捧げる。

「未来のパノラマ」(p4〜7)の隠れキャラは見つけられましたか?
⇒桃太郎、金太郎、浦島太郎、かぐや姫、令和おじさん(に扮した著者)

編集協力:石川真知子、岸田勇人、高岡祥之介、三吉 慧
図表製作:アトリエ・プラン、矢田ゆき

N.D.C.334.3 95p 21cm
ISBN978-4-06-519064-7

全予測《ぜんよそく》2020年代《ねんだい》の日本《にほん》
図解《ずかい》・未来《みらい》の年表《ねんぴょう》

二〇二〇年三月二〇日第一刷発行 二〇二三年一一月二日第二刷発行

著者 河合雅司《かわいまさし》 ©Masashi Kawai 2020
発行者 髙橋明男
発行所 株式会社講談社
東京都文京区音羽二丁目一二-二一
郵便番号一一二-八〇〇一
電話 〇三-五三九五-三五二一 編集(現代新書)
〇三-五三九五-四四一五 販売
〇三-五三九五-三六一五 業務
装幀者 林 慎平
印刷所 TOPPAN株式会社
製本所 株式会社国宝社